dtv

Erich Kästner

MEINE MUTTER

ZU WASSER UND ZU LANDE

Geschichten, Gedichte, Briefe

Herausgegeben von Sylvia List

Deutscher Taschenbuch Verlag

Von Erich Kästner
sind im Deutschen Taschenbuch Verlag erschienen:
Werke in neun Bänden (59066)
Kästners Werke für Erwachsene
liegen auch in Einzelbänden und
einigen Anthologien vor.

**Ausführliche Informationen über
unsere Autoren und Bücher
finden Sie auf unserer Website
www.dtv.de**

2013
Deutscher Taschenbuch Verlag GmbH & Co. KG,
München
© by Atrium Verlag AG, Zürich, 2010
© by Thomas Kästner: *Karl der Faule, Frau Stramm
schreibt an das Wohnungsamt, Abfahrt,
Experiment mit Müttern, Das Blaue Buch*
© by Nachlass Luiselotte Enderle: Briefe
an und von Ida Kästner
Alle Rechte vorbehalten
Umschlagkonzept: Balk & Brumshagen
Umschlaggestaltung unter Verwendung
einer Illustration von Christoph Niemann
Satz: Greiner & Reichel, Köln
Druck und Bindung: Druckerei C. H. Beck, Nördlingen
Gedruckt auf säurefreiem, chlorfrei gebleichtem Papier
Printed in Germany · ISBN 978-3-423-14219-9

Inhalt

Vorbemerkung

Ich gehöre wirklich nicht zu denen, die erst zu spät bemerken,
was eine Mutter bedeutet.
An Ida Kästner, Leipzig, 6. November 1926

Erich Kästner hatte eine so innige Beziehung zu seiner Mutter wie
kaum jemand sonst: »Es ist so schön, daß wir einander lieber haben
als alle Mütter und Söhne, die wir kennen, gelt? Es gibt dem Leben erst
den tiefsten heimlichen Wert und das größte verborgene Gewicht.
Auch wenn man vor Arbeit keine Zeit hat, an den andern zu denken –
im Unterbewußtsein herrscht immer diese unendliche Sicherheit,
daß der andere da ist.« So unverstellt wie in diesem Brief vom 10. Januar 1929 äußerte Erich Kästner seine zärtliche Liebe für seine Mutter
selten, aber dass sie ihm so nahstand wie kein anderer Mensch, versuchte er ihr immer wieder zu sagen und zu zeigen. Rührend, wenn
der 26-jährige Student aus Leipzig schreibt, Weihnachtsgeschenke
seien zwar etwas Schönes, »aber ich glaube, Muttchenbesuch ist noch
schöner«, oder ihr, auf dem Höhepunkt seines Erfolgs, klarzumachen
versucht, wie wichtig ihm die gemeinsamen Reisen sind.

Ida Kästner liebte ihren Sohn über alles. Sie kannte »kein Glück
außer meinem«, heißt es im Neujahrsbrief Kästners vom 30.12.1926,

und »ihr Leben galt mit jedem Atemzuge mir, nur mir« in *Als ich ein kleiner Junge war*. Und der Sohn vergalt ihr diese Liebe und Hingabe, so gut er vermochte, unablässig bemüht, »eines der besten Söhnchen zu sein«, ein Mustersohn eben, so wie er seiner Mutter zuliebe ein Musterschüler gewesen war.

Ein Muttersöhnchen war Kästner darum nicht. Seine Mutter unterdrückte ihn ja nicht, im Gegenteil, sie förderte ihn und beförderte seine Selbstständigkeit, wo sie nur konnte, ließ z. B. bereits dem Siebenjährigen den Willen, allein für die Mutter einkaufen zu gehen *(Frau Hebestreit spioniert)*. Schon sehr früh übernahm Ida Kästner die Rolle der besten Freundin und Kameradin – wunderbar beschrieben in *Meine Mutter, zu Wasser und zu Lande*. Die Kehrseite dessen war, dass sie ihren Sohn damit sehr früh in die Rolle des männlichen Partners drängte, eine Rolle, die er – zu Lasten seines Vaters – zunächst auch ganz naiv annahm. So wenn er sich – im Brief vom 23. 2. 1924 – etwas überheblich wunderte, dass er mit Teilzeitarbeit mehr verdiente als sein Vater mit ganztägiger Fabrikarbeit. Erst ganz allmählich und mit auch räumlich wachsender Entfernung erkannte und begriff der Mustersohn, dass selbst eine so innige, exklusive Zweierbeziehung sich mit den Jahren naturnotwendig verändern musste: Er wurde älter, seine Mutter aber wurde alt. »Das klingt einfacher, als es ist«, lässt Kästner 1935 in *Emil und die drei Zwillinge* die Großmutter in dem *Ernsten Gespräch* zu ihrem Enkel sagen. Und einfach war es sicher nicht. »Da hat man nun ein Kind und hat eigentlich keins« – diese Klage Frau Fabians dürfte Kästner auch von seiner Mutter gehört haben.

Abnabelungsprozesse zwischen Eltern und Kindern, speziell zwischen Müttern und Söhnen, sind immer heikel, und umso schwieriger, wenn einem jemand wie Ida Kästner gegenübersteht. Kästner kannte seine Mutter viel zu gut und wusste, dass er nur ganz behutsam versuchen durfte, Abstand von ihr zu gewinnen, und er liebte sie auch viel zu sehr, um sie – für die die Mutter-Sohn-Symbiose das Naturgegebene war – durch schroffe Distanzierung aus dem seelischen Gleichgewicht zu bringen. Wie gefährdet seine Mutter war, hat Erich Kästner in *Ein Kind hat Kummer* eindringlich beschrieben. Wir können nur ahnen, wie sehr ihn die Selbstmordversuche Idas traumatisiert haben. Noch viele Jahre später brauchte er nur zwei, drei Tage nichts von ihr gehört zu haben – einmal pro Tag war die Regel –, schon spürt man aus seinen Briefen die panische Angst, sie könnte wieder einen ihrer depressiven Momente haben. Auch das war ja einer der Gründe, warum er seiner Mutter täglich schrieb – sie auf diese Weise seiner Existenz und Liebe unablässig zu versichern und sie so vor jeder Beunruhigung und seelischen Belastung zu bewahren, deren schädliche Auswirkungen er in Kinderjahren zu fürchten gelernt hatte. Als bei Kriegsende 1945 die Postverbindung abriss und keine täglichen Sohnesbriefe mehr kamen, setzte Ida Kästners geistiger und seelischer Verfall rapide ein. Ihr Fühlen und Denken kreiste nunmehr fast ausschließlich um den angebeteten fernen Sohn, dem sie ununterbrochen schrieb, fast so wie in dem *Lied einer alten Frau am Briefkasten*. Aber diese Briefe waren zunehmend verwirrt, wie ihre Schreiberin auch, und schließlich übernahm der bis zum Schluss geistig klare Vater das Briefeschreiben.

Kästner schickte seiner Mutter fast alles, was er schrieb, und sie hob die Texte getreulich und stolzerfüllt auf. Die Romane schickte er ihr oft schon im Manuskript und bat sie um ihre Meinung. Ida Kästner muss eine durchaus kritische Leserin gewesen sein, kompetenter, als man vielleicht nach der Lektüre ihres Neujahrsbriefs vom 2. Januar 1927 annehmen würde. Aber anschaulich schreiben konnte auch sie. Die Briefe seiner Mutter, deren Sprache Kästner vermutlich durchaus amüsierte, haben ihn immer wieder dazu angeregt, ihren eigenwilligen, sprunghaften Stil liebevoll, wenn auch nicht ohne Ironie, zu imitieren, so in *Frau Großhennig schreibt an ihren Sohn, Frau Stramm schreibt an das Wohnungsamt* und *Frau Fabian schreibt an ihren Sohn.*

Wenn man Kästners Briefe an seine Mutter liest, erst recht, wenn man sie laut liest, wundert einen nicht, dass dieser Mann Dialoge schreiben konnte. Er trainierte das Schreiben mündlicher Redeweise ja täglich! Und zum Mündlichen, zur gesprochenen Sprache, gehören auch die ungezählten Koseformen, all die Söhnchen, Muttchen, Kleidchen, Mützchen, Scheinchen … Aus den Dialekten sind uns diese Koseformen vertraut – das Jungchen, Büble, Buebele, Buberl usw. –, in den slawischen Sprachen sind sie Legion. Wenn Kästner schreibt: »Geh in den Großen Garten, setz Dich zu Pollender ins Sönnchen …« (22.6.1927), dann könnte hier der slawische Sprachgebrauch abgefärbt haben. Böhmen ist von Dresden schließlich keine fünfzig Kilometer entfernt.

Noch ein Wort zu den »Scheinchen«, die Kästner so gern seiner Mutter schickte: Bargeldlose Überweisungen waren damals noch mit viel Aufwand verbunden und darum unüblich. Größere Summen zahlte man auf der Post ein, und der Geldbriefträger brachte sie dann dem Empfänger. Und kleinere Summen legte man eben der Einfachheit halber den Briefen bei.

Eng mit seiner Mutter verbunden ist auch Erich Kästners – unter Schriftstellern wohl einzigartige – hingebungsvolle Beschäftigung mit dem Thema Wäsche, diesem unvermeidlichen Bestandteil des Hausfrauenalltags. »… mein Herz hängt an all den Zeremonien, die schmutzige Wäsche in frische, glatte, duftende Stücke zurückverwandeln. Wie oft hatte ich meiner Mutter bei fast jedem Handgriff geholfen! Die Wäscheleinen, die Wäscheklammern, der Wäschekorb, die Sonne und der Wind auf dem Trockenplatz beim Kohlenhändler Wendt in der Scheunhofstraße, das Besprengen der Betttücher, bevor sie auf die Docke gerollt wurden, das Quietschen und Kippen der elefantenhaften Mangel, das Zurückschlagen und Abfangen der Kurbel« beschreibt er liebevoll »die ganze weiße Wäschewelt« im Nachwort zu *Als ich ein kleiner Junge war.* Und das diesem Thema gewidmete Gedicht *Begegnung mit einem Trockenplatz* schließt mit den Zeilen »Oh, ich erinnre mich an alles sehr / genau und will es nie vergessen«. In der so rührenden wie beklemmenden Geschichte *Mama bringt die Wäsche* zählt Kästner all die Wäscheteile auf, »die Bettwäsche, die Oberhemden, die gestickten Taschentücher«, die seine Mutter ihm allweihnachtlich geschenkt hatte und die nun im Bombenfeuer ebenso verbrannt waren wie die »stolze Schenkfreude, die sie nach jeder großen Wäsche immer wieder neu hineingeplättet hat«. Die strapaziösen Waschtage Ida Kästners und die Wäsche, die zwischen Mutter und Sohn hin- und hergeschickt wird, sind ständiges Thema in den Briefen, aber auch in Gedichten wie *Frau Großhennig schreibt an ihren Sohn* und *Ein Buchhalter schreibt seiner Mutter.* Vor dem Zeitalter der Waschmaschine war dieses Heimschicken der Schmutzwäsche durchaus üblich, in manchen Haushalten gab es dafür sogar kleine Koffer, für die beide Seiten, die wäschebenutzende wie die wäschewaschende, einen Schlüssel hatten.

Von den gemeinsamen Reisen Ida und Erich Kästners handeln die Gedichte *Junggesellen sind auf Reisen* und *Abfahrt*. Wichtiger waren aber noch die gegenseitigen Besuche, die in vielen Texten thematisiert sind – angefangen von der frühen Geschichte *Karl der Faule*, in der der Spätaufsteher Kästner sich über sich selbst mokiert, über Gedichte wie *Stiller Besuch, Die Heimkehr des verlorenen Sohnes* und die Episode *Mutter Fabian zu Besuch in Berlin* bis hin zu der fast grotesken Kriegsszene *Gänsebraten aus Dresden* und schließlich … *und dann fuhr ich nach Dresden*, der Beschreibung des ersten Wiedersehens mit den Eltern nach 1945. Dass ausnahmslos *alle* Mütter finden, sie sähen ihre erwachsenen Kinder viel zu selten, führt Kästner exemplarisch vor in *Eine Mutter zieht Bilanz*.

Ein Thema ist in dieser Auswahl ausgeklammert: Ida Kästners Rolle als Ratgeberin in Liebesdingen, ein Thema, mit dem alle Biographen sich ausführlich befasst haben. Es gibt zu diesem Thema aber keine Texte Kästners, lediglich seine Briefe, denen sich nur in den seltensten Fällen die Reaktion seiner Mutter entnehmen lässt. Ida Kästners Briefe aus der Zeit vor 1945 gingen fast alle im Krieg verloren. Eine Ausnahme gibt es: ihre Briefe aus der Zeit, als Kästners Beziehung zu Ilse Julius in die Brüche ging. »Deine Briefe sind doch das einzige, was mich in dieser bösen Zeit, die ich durchmache, noch hochhält«, fleht Kästner seine Mutter an, ihm möglichst oft zu schreiben. Wie alle Klage- und Trostbriefe aus Phasen akuten Liebeskummers kranken aber auch diese an Wiederholungszwang, was die Lektüre etwas ermüdend macht. Um es mit Heine zu sagen: »Es ist eine alte Geschichte, / doch bleibt sie immer neu; / und wem sie just passieret, / dem bricht das Herz entzwei.« Das war auch bei Kästner nicht anders.

Es gibt nur wenige »Mutter«-Texte Kästners, die keinen Bezug zu Ida Kästner haben. Zu ihnen zählen das gesellschaftskritische *Experiment mit Müttern* und die Erzählung *Zwei Mütter und ein Kind*, in der die neue Stiefmutter sich auf sehr anrührende Weise bemüht, Kontakt zu dem um seine Mutter trauernden kleinen Mädchen zu finden. Auch für die Mutter von Lottchen und Luise hat Ida Kästner nicht Modell gestanden. *Nur eines ist wesentlich*, die Erkennungsszene zwischen Mutter und Luise, ist eine Episode, die ich seit Kindertagen in- und auswendig kenne und trotzdem nie lesen kann, ohne einen Kloß im Hals zu haben.

Wegen der vielen Muttchenbriefe ergab sich die chronologische Anordnung der Texte fast von selbst. Darum haben auch einige Gedichte Eingang in diesen Band gefunden, die die Zeitumstände schildern, unter denen Kästner schrieb, berühmte Verse wie *Möblierte Melancholie* oder *Große Zeiten* und weniger berühmte wie *Das Spielzeuglied* oder *Auf einer kleinen Bank vor einer großen Bank*, Letzteres ein Text, der Kästners erstaunliche Aktualität deutlicher zeigt, als uns derzeit vielleicht lieb ist.

München, Winter 2010   Sylvia List

Muttchen und ihr Junge

Es gibt Erinnerungen, die man, wie einen Schatz in Kriegszeiten, so gut vergräbt, dass man selber sie nicht wiederfindet. Und es gibt andere Erinnerungen, die man wie Glückspfennige immer bei sich trägt. (…) Alt ist, was man vergessen hat. Und das Unvergessliche war gestern. Der Maßstab ist nicht die Uhr, sondern der Wert. Und das Wertvollste, ob lustig oder traurig, ist die Kindheit.

Erich Kästner, *Als ich ein kleiner Junge war*

Ida Kästner ergreift einen Beruf

Als ich ein kleiner Junge war, baute mein Vater noch keine lebensgroßen Pferde. Er wollte so viel Geld wie möglich verdienen, damit ich Lehrer werden konnte. Und er arbeitete und verdiente, so viel er vermochte, und das war zu wenig.

Deshalb beschloss meine Mutter, einen Beruf zu erlernen. Und wenn meine Mutter etwas beschlossen hatte, gab es niemanden, der es gewagt hätte, sich ihr in den Weg zu stellen. Kein Zufall und kein Schicksal wären so vorlaut gewesen! Ida Kästner, schon über fünfunddreißig Jahre alt, beschloss, einen Beruf zu ergreifen, und sie ergriff ihn. Weder sie noch das Schicksal zuckten mit der Wimper. Die Größe eines Menschen hängt nicht von der Größe seines Wirkungsfeldes ab. Das ist ein Lehrsatz und ein Grundsatz aus dem Kleinmaleins des Lebens. In den Schulen wird er nur selten erwähnt.

Meine Mutter wollte, trotz ihres Alters wie ein Lehrling, das Frisieren erlernen und eine selbstständige Friseuse werden. Nicht mit einem Ladengeschäft, das wäre zu teuer geworden. Sondern mit der Erlaubnis, das Gewerbe des Frisierens, des Ondulierens, der Kopfwäsche und der schwedischen Kopfmassage in der Wohnung auszuüben. Der Innungsmeister, den sie aufsuchte, machte viele Einwände. Sie ließ keinen Einwand gelten, und so galt keiner. Sie wurde an Herrn Schubert, einen renommierten Damenfriseur in der Strehlener Straße, verwiesen. Hier lernte sie, mit Talent und Feuereifer, alles, was es zu lernen gab, und kam, wochenlang, erst abends nach Ladenschluss heim. Müde und glücklich.

Damals war ich viel allein. Mittags aß ich für fünfzig Pfennig im Volkswohl. Hier herrschte Selbstbedienung, und das Essbesteck, das man mitbringen musste, holte ich aus dem Ranzen. Zu Hause spielte ich, mit Mamas Schlüsselbund, Wohnungsinhaber, machte Schularbeiten und Besorgungen, holte Holz und Kohlen aus dem Keller, schob Briketts in den Ofen, kochte und trank mit dem Lehrer Schurig, wenn er heimgekommen war, Kaffee und ging, während er sein Nachmittagsschläfchen auf dem grünen Sofa erledigte, in den Hof. Wenn er wieder fort war, wusch und schälte ich Kartoffeln, schnitt mich ein bisschen in den Finger und las, bis es dämmerte.

Oder ich marschierte quer durch die Stadt und holte meine Mutter bei Schuberts ab. Wenn ich, aus Angst, zu spät zu kommen, zu früh kam, sah ich zu, wie sie die Brenneisen schwang, erst an einem Stück Seidenpapier ausprobierte und dann an den meterlangen Haaren der Kundinnen. Die Frauen hatten ja damals noch lange Haare, und bei manchen reichten sie bis in die Kniekehlen! Es roch nach Parfüm und Birkenwasser. Die Kundinnen blickten unverwandt in den Spiegel und begutachteten die Frisur, die unter Mamas flinken Händen und unter Zuhilfenahme von Haarwolle, Brillantine und Lockennadeln hervorwuchs. Zuweilen blieb Meister Schubert, im weißen Kittel, neben seiner Schülerin und deren Opfer stehen, lobte oder griff kurz ein und zeigte sich von Woche zu Woche zufriedener.

Schließlich teilte er der Innung mit, dass die Hospitantin bei ihm alles Erforderliche gelernt habe, für ihr Handwerk viel Geschick und Geschmack besitze und dass er, als Meister und Inhaber Goldener und Silberner Medaillen, die Zulassung der Antragstellerin entschieden befürworte. Daraufhin erhielt Frau Ida Amalia Kästner, geb. Augustin, eine Urkunde, worauf der »Vorgenannten« erlaubt wurde, sich als selbständige Friseuse zu bezeichnen und zu betätigen. Daraufhin holte ich, am selben Abend, in der Restauration »Sibyllenort«, Ecke Jordanstraße, zwei Liter einfaches Bier, und der Sieg wurde gewaltig gefeiert.

Als Friseurladen wurde, da kein anderer Platz übrigblieb, das linke Vorderviertel des Schlafzimmers hergerichtet. Mit einem Wandspiegel, einer Lampe, einem Wasserbecken, einem Anschluss für den Trockenapparat und mit Wandarmen für die Erhitzung der Brenn- und Ondulierscheren. Auf eine Warmwasseranlage wurde großmütig verzichtet. Sie wäre zu teuer geworden. Die Herstellung heißen Wassers für die Kopfwäsche, auf den Gasflammen in der Küche, wurde mir übertragen, und ich habe in den folgenden Jahren ganz gewiss Tausende von Krügen aus der Küche ins Schlafzimmer transportiert.

Ida Kästner, um 1906

Kämme und Bürsten, Frottier- und Handtücher, flüssige Seife, Haarwasser, Brillantine, Nadeln, Lockennadeln, Haarnetze, Haareinlagen und Fette für die Kopfmassage mussten angeschafft werden. Geschäftskarten wurden verteilt. An der Haustür wurde ein Porzellanschild angeschraubt. Abonnementkarten, für Frisuren und für Kopfmassagen, wurden gedruckt. Oh, es gab vielerlei zu bedenken!

Schließlich musste Tante Martha noch ein paar Tage ihren Kopf hinhalten. Die ältere Schwester ondulierte, massierte und frisierte die jüngere, bis beiden vor Eifer und Gelächter die Puste ausging. Der einen taten die Finger und der anderen der Kopf weh. Doch die Generalprobe war nötig gewesen. Premieren ohne Generalprobe gibt es nicht. Erst dann darf das Publikum kommen. Und das Publikum kam.

Die Frau Bäckermeisterin Wirth und die Frau Bäckermeisterin Ziesche, die Frau Fleischermeisterin Kießling und die Frau Gemüsehändlerin Kletsch, die Frauen des Klempnermeisters, des Fahrradhändlers, des Tischlermeisters, des Blumenhändlers, des Drogisten und des Papierwarengeschäftsinhabers, die Frau des Schneidermeisters Großhennig, des Weiß- und Kurzwarenhändlers Kühne, des Restaurateurs, des Fotografen, des Apothekers, des Spirituosenhändlers, des Kohlenhändlers, des Wäschereibesitzers Bauer, die Inhaberin des Milchgeschäfts, die Töchter dieser Frauen, die Leiterinnen von Filialen und die Verkäuferinnen – alle strömten herbei. Erstens mussten sie, hinterm Ladentisch, adrett aussehen. Zweitens gab es in unserer Gegend wenig Damenfriseure. Drittens kamen sie, weil wir bei ihnen einkauften, und viertens, weil meine Mutter tüchtig und preiswert war.

Sie hatte alle Hände voll zu tun. Das Geschäft florierte. Und oft genug musste ich aufpassen, dass das Mittagessen auf dem Herde nicht völlig verbrutzelte. »Erich, iss schon immer!«, rief sie von nebenan. Aber ich wartete, drehte die Gasflammen klein, löffelte Wasser in die dampfenden Kochtöpfe, präparierte die Bratpfanne, deckte den Küchentisch und las, bis, nach längeren Unterhaltungen zwischen der Kundschaft und der geschätzten Friseuse im Korridor, endlich die Wohnungstür zuschlug.

Die geschätzte Friseuse wirkte auch außer Haus. Dann packte sie ihr Handwerkszeug, samt dem Spiritusbrenner, in die Mappe und eilte im Geschwindschritt bis, wenn es sein musste, in die entferntesten Stadtviertel. Diese beruflichen Gewaltmärsche galten vor allem den Kundinnen »im festen Abonnement«. Auf sie musste besondere Rücksicht genommen werden, denn sie waren schließlich das Rückgrat des Geschäfts. Sie zahlten ja zehn oder zwanzig Frisuren oder Massagen auf einmal! Unter den Abonnentinnen befand sich die Gattin eines reichen Juweliers, aber auch eine ärmliche Hausiererin, und gerade an sie erinnere ich mich gut.

Sie hieß Fräulein Jaenichen, wohnte am Turnerweg, über einer Kneipe, in einem trostlosen Zimmer und konnte sich nicht selbst frisieren, weil sie ein Krüppel war. Ihre Hände, aber auch die Füße, ja, der ganze Körper, alles war krumm und schief und verbogen. Niemand kümmerte sich um die unglückliche Person. Und so humpelte sie, auf eine kurze und eine längere Krücke gestützt, mit einer schweren Kiepe auf dem Buckel, über Land. Sie klingelte bei den Bauern und verkaufte allerlei kleinen Hausrat: Knöpfe, Bänder, Sicherheitsnadeln, Borten, Schnürsenkel, Schürzen, Wetzsteine, Gasanzünder, Nähseide, Strickwolle, Häkeldeckchen, Taschenmesser, Bleistifte und vieles andre. Und gerade weil sie so abschreckend aussah, die Arme, legte sie besonderen Wert darauf, schön frisiert zu sein. Morgens gegen sechs Uhr musste meine Mutter aus dem Haus. Ich begleitete sie sehr oft, als würde es ihr dadurch leichter, das muffige Zimmer und den Anblick der unglückseligen Person zu ertragen. Eine halbe Stunde später halfen wir ihr, den schweren Korb mit den breiten Ledergurten zu schultern. Und dann kroch und watschelte sie, auf die ungleichen Krücken gestützt, zum Neustädter Bahnhof, von wo aus sie, in Vorortzügen, auf die Dörfer fuhr. Sie wankte, gebückt und nach beiden Seiten pendelnd, den Bahndamm entlang, hinein in die kühle Frühe und brauchte zehnmal mehr Zeit als die anderen Leute, die sie überholten. Es sah aus, als humple und trete sie auf der Stelle.

Sehr wichtig waren auch, geschäftlich betrachtet, die Hochzeiten. Da galt es, in der Wohnung der Brauteltern zehn, zwölf, wenn nicht gar fünfzehn weibliche Wesen herzurichten: die Brautjungfern, die Mutter, die Schwiegermutter, die Schwestern, Tanten, Freundinnen, Großmütter und Schwägerinnen und, vor allem, die glückliche Braut höchstselbst. Die Wohnungen waren klein. Die Aufregung war groß. Man trank süßen Südwein. In der Küche brannte der Quarkkuchen an. Die Schneiderin brachte das Hochzeitskleid zu spät. Die Braut heulte. Der Bräutigam kam zu früh. Die Braut heulte noch mehr. Der Brautvater schimpfte, weil er die Schachtel mit den Kragenknöpfchen nicht fand. Die Frauen, in Taft und Seide, schnatterten. »Frau Kästner!«, rief es hier. »Frau Kästner!«, rief es dort. Frau Kästner steckte inzwischen den Brautschleier und schnitt, weil er zu lang war, mit der Schere einen halben Meter weißen Tüll ab.

Vorm Hause bremsten die Hochzeitskutschen. Der Bräutigam und ein Brautführer polterten mit Flaschenbieren treppab, um den Kutschern das Warten zu erleichtern. Doch auch das war kein rechter Ausweg. Denn der Herr Pastor am Traualtar, der wartete nicht! Es wurde ja nicht nur bei Müllers geheiratet, sondern auch bei Schulzes, Meiers und Grundmanns. Wo waren

Geschäftskarte Ida Kästners

die Buketts und die Körbchen für die Blumenstreukinder, und wo steckten die Blumenstreukinder selber? Natürlich in der Küche, voller Kakaoflecken! Wo war die Flasche mit dem Fleckenwasser? Wo die Zylinderschachtel? Wo das Myrtensträußchen fürs Knopfloch? Wo waren die Gesangbücher?

Endlich knallte die Wohnungstür zu. Endlich rollten die Kutschen zur Kirche. Endlich war die Wohnung leer. Fast leer! Die Nachbarin, die versprochen hatte, auf den Braten aufzupassen, begann die Tische und die Stühle zusammenzustellen und die Hochzeitstafel zu decken. Mit den schönen Damasttüchern. Mit dem Meißner Zwiebelmusterporzellan. (»Protzellan« nannte ich das.) Mit dem Alpakasilber. Mit den bunten Kristallgläsern, die »Römer« heißen. Mit kunstvoll über den Damast verstreuten Blumen.

Meine Mutter saß inzwischen, mit müden Füßen und schmerzenden Händen, am Küchentisch, trank eine Tasse Bohnenkaffee, probierte den Kuchen, wickelte für mich ein Stück ein, stopfte es in ihre große Tasche und zählte den Verdienst und das Trinkgeld. Alle Knochen taten ihr weh. Im Kopf sauste und brauste es. Doch die Hochzeit hatte sich gelohnt. Die nächste Rate fürs Klavier konnte bezahlt werden. Und die nächste Klavierstunde bei Fräulein Kurzhals auch.

Fräulein Kurzhals wohnte bei ihren Eltern, im gleichen Hause wie wir, nur zwei Stock höher, und war mit mir leider sehr unzufrieden. Und leider mit Recht. Das teure, goldverzierte Klangmöbel stand ja in Lehrer Schurigs Wohnzimmer! Wenn er in seiner Schule war, war ich in meiner Schule. Wenn ich zu Hause war, war meist auch er zu Hause. Wann hätte ich gründlich üben sollen? Andrerseits, ich musste doch die geheimnisvolle schwarzweiße Tastenkunst erlernen, denn ich wollte ja Lehrer werden!

Mir blieb ein schwacher Trost in dunklen Stunden. Auch Paul Schurig spielte miserabel Klavier. Und er war trotzdem Lehrer geworden, na also!

Eine Hochzeit, an die ich mich erinnere

Das Elternhaus der Braut und die Kirche lagen in Niederpoyritz, weit draußen im Elbtal, und der Wintertag, zwischen Weihnachten und Neujahr, war hart, eiskalt und unerbittlich.

Ich wartete im Gasthof. Ich saß und aß und las, und die Stunden ließen sich viel Zeit. Sie schlichen müde um den glühenden Kanonenofen herum. Die Welt vorm Fenster war grauweiß und kahl, und der Wind fegte die Felder wie ein betrunkener Hausknecht. Er kehrte den alten, verharschten Schnee aus einer Ecke in die andre. Er wirbelte ihn wie Staub in die Luft und heulte und johlte, dass die Fenster klirrten. Manchmal blickte ich hinaus und dachte: »So muss es in Sibirien sein!« Und es war doch nur in Niederpoyritz bei Dresden an der Elbe.

Als mich meine Mutter nach fünf Stunden abholte, war sie von der Arbeit so erschöpft, dass sie sich nicht auszuruhen traute. Sie drängte zum Aufbruch. Sie wollte heim. Und so machten wir uns auf den Weg. Es war ein Weg ohne Wege. Es war ein Tag ohne Licht. Wir versanken in Schneewehen. Der Sturm sprang uns von allen Seiten an, dass wir taumelten. Wir hielten uns aneinander fest. Wir froren bis unter die Haut. Die Hände starben ab. Die Füße waren wie aus Holz. Die Nase und die Ohren wurden kalkweiß.

Kurz bevor wir die Haltestelle erreichten, fuhr die Straßenbahn davon, so sehr wir auch riefen und winkten. Die nächste kam zwanzig Minuten später. Sie war ungeheizt und von Schnee verklebt. Wir saßen während der langen Fahrt stumm und steif nebeneinander und klapperten mit den Zähnen. Daheim legte sich meine Mutter ins Bett und blieb zwei Monate liegen. Sie hatte große Schmerzen in den Kniegelenken. Sanitätsrat Zimmermann sprach von einer Schleimbeutelentzündung und verordnete Umschläge mit fast kochendem Wasser.

In diesen Wochen war ich Krankenschwester, verbrühte mir die Hände und panierte sie mit Kartoffelmehl. Ich war Koch und fabrizierte mittags, wenn ich aus der Schule kam, Rühreier, deutsche Beefsteaks, Bratkartoffeln, Reis- und Nudelsuppen mit Rindfleisch, Niere und Wurzelwerk, Linsen mit Würstchen, sogar Rindfleisch mit Senf- und Rosinensauce. Ich war Kellner und servierte meine versalzenen, zerkochten und angebrannten Meisterwerke stolz und ungeschickt auf Mutters Bett. Ich deckte abends Lehrer Schurigs Tisch mit kalter Küche und schnitt mir manchmal heimlich eine Scheibe Wurst ab. Ich holte, für unser eignes Abendbrot, die Mahlzeiten in großen Töpfen aus dem Volkswohl, und wenn mein Vater aus der Kofferfabrik heimkam, wärmten wir das Essen auf. Nach dem Essen wuschen wir das Geschirr ab, und Paul Schurig half beim Abtrocknen. Die Teller und Tassen klapperten und klirrten, dass die Mama im Schlafzimmer zusammenzuckte.

Manchmal wuschen wir sogar die Wäsche und hängten sie auf die Leine, die wir quer durch die Küche gezogen hatten. Dann krochen wir, geduckt wie Indianer auf dem Kriegspfad, unter und zwischen den klatschnassen Taschentüchern, Hemden, Bett- und Handtüchern und Unterhosen umher und probierten alle Viertelstunden, ob die Wäsche endlich trocken sei. Doch sie ließ sich nicht drängen, und wir mussten mit dem Scheuerhader manche Pfütze aufwischen, damit das Linoleum keine Flecken bekam.

Es war eine rechte Junggesellenwirtschaft. Und meine Mutter litt nicht nur wegen ihrer Knie, sondern auch unsertwegen. Sie hatte Angst ums Geschirr. Sie hatte Angst, ich könne verhungern. Und sie hatte Angst, die Kundinnen würden ihr untreu werden und zur Konkurrenz gehen. Diese dritte Sorge war nicht unberechtigt. In der Eschenstraße hatte sich ein Damenfriseur etabliert und machte in den umliegenden Geschäften seine Antrittsbesuche. Da tat Eile not.

Sanitätsrat Zimmermann erklärte, die Patientin sei noch krank. Die Patientin behauptete, sie sei gesund. Und so blieb kein Zweifel, wer von beiden recht behielte. Sie stand auf, biss die Zähne zusammen, hielt sich beim Gehen unauffällig an den Möbeln fest und war gesund. Ich trabte, die frohe Botschaft verkündend, von Geschäft zu Geschäft. Die Konkurrenz war abgeschlagen. Der Haushalt kam wieder ins Lot. Das Leben nahm seinen alten Gang.

Frau Hebestreit spioniert

»Es muss mal wieder jemand in die Stadt«, sagte Frau Friseuse Hebestreit, denn sie wohnten am anderen Ufer. »Es muss mal wieder jemand in die Stadt«, sagte sie, »es fehlt an allen Ecken. Brillantine brauch ich. Ein neues Onduliereisen brauch ich. Teerseife muss auch bestellt werden. Wo die Zeit hernehmen und nicht stehlen?«

Daraufhin trabte Georg in den Korridor, holte seine Mütze, kam zurück und fragte: »Also, was soll ich bringen?«

»Du bist viel zu klein. Jeden Tag wird jemand überfahren. Ich stürbe vor Angst. Da gehe ich schon lieber selber.«

»Wo du doch keine Zeit hast«, trumpfte der siebenjährige Sohn auf, holte Mutters Handtasche vom Tisch und sagte: »Na, komm, gib mir Geld!«

Frau Hebestreit schüttelte den Kopf. »Es geht nicht. Über die Brücke, ja. Aber Schlossstraße, Altmarkt, Johannstraße, da darfst du nicht allein hin.«

»Naumanns Richard geht auch allein, und gar nichts ist passiert«, fing der Junge wieder an.

»Versprichst du mir, dass du ganz vorsichtig sein wirst?«

»Natürlich.«

»Und dass du immer erst warten wirst, bis der Schutzmann winkt?«

»Versprech ich.«

Dann bekam er Geld. Dann wiederholte er dreimal fließend, was er besorgen und was er bestellen sollte. Und dann sprang er pfeifend die Treppe hinunter. – Zwei Minuten später setzte sich Frau Hebestreit, obwohl sie doch eigentlich gar keine Zeit hatte, den Hut auf und begann mit der Verfolgung. Sie verließ das Haus und rannte, bis sie ihren Jungen, zwanzig Meter vor sich, wieder sah. Nun verlangsamte sie den Schritt und behielt ihn im Auge.

»Tag, Frau Hebestreit«, sagte plötzlich jemand. Es war Frau Postinspektor Pfeffer. »Ich bin gerade auf dem Weg zu Ihnen. Mein Kopf ist reif. Muss gewaschen werden. Und bisschen durchondulieren. Mein Mann hat Theaterkarten. Passt Ihnen wohl nicht?«

»Ach, Frau Postinspektor, hat's eine Stunde Zeit? Ich muss noch rasch eine Besorgung machen.«

»Na gut, da gehe ich vorher einen Sprung zu meiner Schwester. Und in einer Stunde …«

»In einer Stunde!«, rief Frau Hebestreit und war schon weiter. Wenn er sich nur nicht umdrehte! Wenn er sie nur nicht sah! Kleine Jungen sind in Vertrauenssachen äußerst empfindlich. Sobald sie entdecken, dass man sie nicht ernst nimmt, werden sie entweder sehr traurig oder tückisch wie die Baumaffen. Frau Hebestreit kannte sich aus, und sie ging, als schliche sie auf Zehen.

Aber Georg sah sich nicht um. Er marschierte seines Weges, als verrichte er eine Aufgabe von großer Tragweite. Bevor er die Fahrbahnen und die Plätze überquerte, blickte er nach links und nach rechts. Wenn die Situation bedenklich war, wartete er mit onkelhafter Geduld, bis die Passage frei wurde. Dann aber sauste er zum gegenüberliegenden Fußsteig wie ein Flitzbogen. Auf diese Weise gelangte er ungefährdet durch die Hauptstraße und über die Brücke. Und die Mutter lächelte gerührt, zwanzig Schritte hinter ihm, über so viel Sorgfalt. Am Ende der Schlossstraße, dort, wo sie in den Altmarkt mündet, wartete Georg wieder und betrat die Straße erst, als sie leer war. Plötzlich schoss – ganz unvorhergesehen und im Widerspruch zu den Verkehrsregeln – ein Auto aus der Wilsdruffer Straße und bremste im letzten Augenblick, dicht vor dem Jungen.

Frau Hebestreit schrie und schlug, über sich selber erschrocken, beide Hände vor den Mund. Sie trat rasch hinter einige Leute, die um den Wagen einen Kreis zu bilden begannen, und hörte, wie ihr Sohn schimpfte: »Sie wissen wohl nicht, was sich gehört, Sie? Wenn jetzt meine Mutter hier wäre, gäb's Ohrfeigen, verstanden?« Die Leute lachten.

Frau Hebestreit schluckte.

Dann setzte Georg seinen Weg weiter fort. Noch vorsichtiger als vorher. So kam er wohlbehalten in der Zirkusstraße an und verschwand im Hause der Firma Eck & Co.

Frau Hebestreit versteckte sich. Sie versteckte sich im Hausflur hinter der Treppe. Zehn Minuten später klangen Kinderschritte auf den Stufen. Die Mutter beugte sich vor und sah ihren Jungen herunterkommen. In der Tür blieb er stehen, prüfte die Quittung, zählte das Geld nach, klemmte sein Paket nachdrücklich unter den rechten Arm und zog ab.

Der Rückweg verlief gefahrlos. Frau Hebestreit folgte Georg bis zur Ritterstraße. Dann eilte sie – durch die Albert- und Luisenstraße – heim, und zwar so geschwind, daß sie, trotz des Umweges, fast fünf Minuten früher zu Hause war als der Junge. Sie setzte rasch den Hut ab, schlüpfte in den weißen Frisiermantel und legte ein großes Stück Kirschkuchen zurecht.

»Da bin ich«, erklärte Georg, als sie ihm die Tür öffnete.

Er packte die Brillantine aus und die neue Ondulierschere. »Die Teerseife bringt morgen ein Bote, und das Geld stimmt.« Er zählte es auf den Tisch.

»Das hast du gut gemacht, Georg«, meinte die Mutter. »Hier hast du ein Stück Kirschkuchen zur Belohnung.«

Er biss hinein und kaute in dem schönen Bewusstsein, sich den Kuchen ehrlich verdient zu haben. Eigentlich hatte er große Lust, das Erlebnis vom Altmarkt zu erzählen. Aber er behielt es für sich, um die Mutter nicht zu ängstigen.

Später kam Frau Postinspektor Pfeffer, und Georg ging in die Küche. Frau Hebestreit erzählte der Kundin, während sie ihr den Kopf wusch, die ganze Geschichte.

»Mir stand das Herz still«, sagte sie. »Denken Sie nur, wenn der Kerl meinen Jungen überfahren hätte! Ich darf es mir gar nicht vorstellen, gleich wackeln mir die Knie.«

»Da ist man machtlos«, erklärte Frau Pfeffer unter einem Berg von Seifenschaum. »Mehr als aufpassen kann kein Mensch. Hätte Ihnen genauso gut passieren können.«

»Das wäre mir dann schon lieber gewesen, Frau Postinspektor.«

»Aber Ihrem Jungen nicht. Au, nicht so heiß spülen!«

Frau Hebestreit ließ kaltes Wasser zu, schrubbte den Kopf und meinte: »Erst dachte ich, ich hätte keine Zeit. Und kaum war er aus dem Haus, da rannte ich wie der Teufel!«

»So ist das Leben«, sagte Frau Postinspektor Pfeffer und musste niesen.

Inzwischen saß Georg in der Küche auf den Fliesen und spielte Großstadtverkehr. Der Platz vor dem Herd war der Altmarkt. Der Kohlenkasten war das Automobil und bog gerade aus der Wilsdruffer Straße um die Ecke.

»Sie ekliger Lümmel«, schrie der Junge und meinte damit den scheckigen Stoffhund, der bescheiden auf dem Kohlenkasten hockte. »Sehen Sie denn nicht, dass die Durchfahrt verboten ist? Anzeigen werde ich Sie, dann gibt's ein paar Jahre Gefängnis! Haben Sie überhaupt einen Führerschein?«

Die Mutter steckte den Kopf durch die Tür. »Warum schreist du denn so?«

»Es ist bloß Spaß«, sagte Georg. »Der Hund hat nicht gefolgt.«

Verzweiflung Nr. 1

Ein kleiner Junge lief durch die Straßen
und hielt eine Mark in der heißen Hand.
Es war schon spät, und die Kaufleute maßen
mit Seitenblicken die Uhr an der Wand.

Er hatte es eilig. Er hüpfte und summte:
»Ein halbes Brot und ein Viertelpfund Speck.«
Das klang wie ein Lied. Bis es plötzlich verstummte.
Er tat die Hand auf. Das Geld war weg.

Da blieb er stehen und stand im Dunkeln.
In den Ladenfenstern erlosch das Licht.
Es sieht zwar gut aus, wenn die Sterne funkeln.
Doch zum Suchen von Geld reicht das Funkeln nicht.

Als wolle er immer stehen bleiben,
stand er. Und war, wie noch nie, allein.
Die Rollläden klapperten über die Scheiben.
Und die Laternen nickten ein.

Er öffnete immer wieder die Hände
und drehte sie langsam hin und her.
Dann war die Hoffnung endlich zu Ende.
Er öffnete seine Fäuste nicht mehr …

Der Vater wollte zu essen haben.
Die Mutter hatte ein müdes Gesicht.
Sie saßen und warteten auf den Knaben.
Der stand im Hof. Sie wussten es nicht.

Der Mutter wurde allmählich bange.
Sie ging ihn suchen. Bis sie ihn fand.
Er lehnte still an der Teppichstange
und kehrte das kleine Gesicht zur Wand.

Sie fragte erschrocken, wo er denn bliebe.
Da brach er in lautes Weinen aus.
Sein Schmerz war größer als ihre Liebe.
Und beide traten traurig ins Haus.

Mama ist nicht zu Hause

Es war höchste Zeit, Mittag zu essen, und Peter kam aus der Schule heim. Er klopfte dreimal und wartete, dass die Mama öffne. Er klingelte zweimal. Er klopfte sechsmal und klingelte wieder. Er legte das Ohr an die Tür. Drinnen schlug ein Fenster. Peter wurde ungeduldig und rief durchs Schlüsselloch: »Mama, Mama! Mama!« Sie antwortete aber nicht. Er trommelte mit der Faust an den Briefkasten und klingelte wie ein Telefon. Dann wurde er unruhig, bekam es mit der Angst und trat mit den Stiefeln gegen die Tür. Wo sie bloß stecken mochte, seine Mama? Wenn sie nun beim Fensterputzen auf die Straße gefallen war? Und es roch so gut nach Eierkuchen! Peter klingelte noch einmal. Aber ganz behutsam. Dann setzte er sich auf die Treppe, holte tief Atem, stopfte die Hände unters Kinn und guckte zum Schlüsselloch hinüber, als wäre es ein verzaubertes Auge.

Ja, und mit einem Male stand ein Polizist da. Oje! Der zwirbelte den Schnurrbart, zog ein Notizbuch und fragte: »Welche Hausnummer ist das hier?«

»72«, sagte Peter.

»So, so«, murmelte der Polizist, »9 mal 8 ist 72.« Er blätterte in seinem Buch und zuckte die Schultern: »Meldungen liegen nicht vor.«

Peter kamen Tränen in die Augen.

»Heul bloß nicht!«, sagte der Polizist, griff in die Tasche und holte ein kleines Automobil heraus. Das hielt er an den Mund und blies die Backen auf. Wie ein Posaunenbläser sah er aus, und das Auto wurde immer größer und immer größer, bis es kaum noch auf der Treppe Platz hatte.

Der Polizist setzte sich ans Steuer und sagte: »Hopp! Jetzt wollen wir die Mama suchen.«

Peter kletterte in den Wagen, und dann rumpelten sie die Treppe hinunter. Das war eine Partie, verflixt noch einmal!

Unten kam gerade Frau Huber aus dem Keller. Die machte Augen! Nun fuhren sie viele Straßen entlang. Peter musterte alle Leute, und manchmal dachte er schon, die Mama wär's!

Sie war's aber nie.

Wenn der Polizist hupte, nahmen alle Frauen ihre Hüte ab, damit Peter sie besser anschauen konnte, und ein paarmal fuhren sie sogar mitten in die Läden hinein, in denen Peters Mutter für gewöhnlich einkaufte. Aber niemand hatte sie gesehen. Der Polizist borgte Peter sein Taschentuch, ließ den Schnurrbart traurig hängen und sagte: »Da müssen wir zur Hauptwache fahren. Vielleicht ist sie dort abgegeben worden.«

Und dann sausten sie zur Polizeihauptwache. Treppen hinauf und Gänge entlang und in ein Zimmer hinein, an dessen Tür »Fundbüro« stand. Dort saß ein Beamter vor einem Schreibtisch, klapperte mit einem großen Schlüsselbund und fragte, was sie wollten. Als sie es ihm gesagt hatten, ging er zu einem Schrank in der Ecke und schloss ihn auf.

Das war ja nun wirklich ein komischer Schrank!

In seinen Fächern standen Männer und Frauen und Jungen und Mädchen und warteten darauf, dass sie von ihren Angehörigen abgeholt würden. Ein kleiner Junge war schon fünf Tage da und hatte verweinte Augen. Er hatte vergessen, wie er hieß. Ja, seinen Namen muss man sich eben merken!

Peters Mama stand nicht im Schrank. Da meinte der Polizist betrübt, weiter könne er nun auch nichts tun. Und so brachte er Peter auf die Treppe zurück. Nun saß er wieder auf seiner kalten Stufe und war recht unglücklich. Die Eierkuchen dufteten durchs Schlüsselloch, dass es eine Art hatte. Aber vom Riechen wird man nicht satt. Und Peter wurde immer trauriger.

Ihm war, als warte er schon viele, viele Stunden. Da schlug unten die Haustür, und er dachte: Hoppla, jetzt kommt sie! Es war aber ein schwerer, schwerer Schritt, als brächte jemand ein Klavier herauf. Und dann war's der Briefträger.

Er stellte einen Riesenkarton neben Peter und fragte: »Ist deine Mutter zu Hause?«

»Nein«, sagte Peter, »was bringen Sie denn da?«

Der Briefträger wusste es nicht.

Auf dem Karton stand: Vorsicht! Lebendig! Peter nahm sein Taschenmesser und schnitt die Stricke durch. Der Briefträger hätte gern gesehen, was in dem Karton war. Aber er hatte noch viel zu tun und ging.

Peter hob den Deckel ab und warf mit beiden Händen die Holzwolle auf die Treppe. Als er wieder in den Karton griff, kriegte er eine Nase zu packen und erschrak mordsmäßig. Und nun bewegte sich die Holzwolle – irgendetwas krabbelte daraus hervor –, ja, und das war Peters Mama! Er stand starr vor Staunen. Sie aber lachte herzlich, weil sie ihn so überrascht hatte, kletterte vollends aus dem Karton und stupste ihn an die Nase.

Es war tatsächlich so! Die Mama gab ihm einen Nasenstüber und rief munter: »Wer wird denn auf der Treppe einschlafen!«

»Donnerwetter«, sagte Peter, »wo ich dich überall gesucht hab! In den Geschäften, auf dem Fundbüro und …«, aber da merkte er, dass der Karton und die Holzwolle gar nicht mehr auf der Treppe lagen.

»Wo warst du nur so lange?«, fragte er.

»Einkaufen!«, rief sie. »Und jetzt gibt's Eierkuchen.«

»Das hab ich längst gerochen«, meinte er. »Mit Heidelbeeren oder mit Pflaumen?«

»Mit Quittengelee«, sagte die Mama und schloss die Tür auf.

Muttchens kleiner Helfer

Als ich ein kleiner Junge war, trabte ich, morgens vor der Schule, zum Konsumverein in die Grenadierstraße. »Anderthalb Liter Petroleum und ein frisches Vierpfundbrot, zweite Sorte«, sagte ich zur Verkäuferin. Dann rannte ich – mit dem Wechselgeld, den Rabattmarken, dem Brot und der schwappenden Kanne – weiter. Vor den zwinkernden Gaslaternen tanzten die Schneeflocken. Der Frost nähte mir mit feinen Nadelstichen die Nasenlöcher zu. Jetzt ging's zu Fleischermeister Kießling. »Bitte, ein Viertelpfund hausschlachtene Blut- und Leberwurst, halb und halb!« Und nun in den Grünkramladen, zu Frau Kletsch. »Ein Stück Butter und sechs Pfund Kartoffeln. Einen schönen Gruß, und die letzten waren erfroren!« Und dann nach Hause! Mit Brot, Petroleum, Wurst, Butter und Kartoffeln! Der Atem quoll weiß aus dem Mund, wie der Rauch eines Elbdampfers. Das warme Vierpfundbrot unterm Arm kam ins Rutschen. In der Tasche klimperte das Geld. In der Kanne schaukelte das Petroleum. Das Netz mit den Kartoffeln schlug gegen das Knie. Die quietschende Haustür. Die Treppe, drei Stufen auf einmal. Die Klingel im dritten Stock, und zum Klingeln keine Hand frei. Mit dem Schuh gegen die Tür. Sie öffnet sich. »Kannst du denn nicht klingeln?« »Nein, Muttchen, womit denn?« Sie lacht. »Hast du auch nichts vergessen?« »Na, erlaube mal!« »Treten Sie näher, junger Mann!« Und dann gab's, am Küchentisch, eine Tasse Malzkaffee, mit Karlsbader Feigenzusatz, und den warmen Brotkanten, das »Ränftchen«, mit frischer Butter. Und der gepackte Schulranzen stand im Flur und trat ungeduldig von einem Bein aufs andre.

Meine Mutter war kein Engel

Meine Mutter war kein Engel und wollte auch keiner werden. Ihr Ideal war handgreiflicher. Ihr Ziel lag in der Ferne, doch nicht in den Wolken. Es war erreichbar. Und weil sie energisch war wie niemand sonst und sich von niemandem dreinreden ließ, erreichte sie es. Ida Kästner wollte die vollkommene Mutter ihres Jungen werden. Und weil sie das werden wollte, nahm sie auf niemanden Rücksicht, auch auf sich selber nicht, und wurde die vollkommene Mutter. All ihre Liebe und Phantasie, ihren ganzen Fleiß, jede Minute und jeden Gedanken, ihre gesamte Existenz setzte sie, fanatisch wie ein besessener Spieler, auf eine einzige Karte, auf mich. Ihr Einsatz hieß: ihr Leben, mit Haut und Haar!

Die Spielkarte war ich. Deshalb musste ich gewinnen. Deshalb durfte ich sie nicht enttäuschen. Deshalb wurde ich der beste Schüler und der bravste Sohn. Ich hätte es nicht ertragen, wenn sie ihr großes Spiel verloren hätte. Da sie die vollkommene Mutter sein wollte und war, gab es für mich, die Spielkarte, keinen Zweifel: Ich musste der vollkommene Sohn werden. Wurde ich's? Jedenfalls versuchte ich es. Ich hatte ihre Talente geerbt: ihre Tatkraft, ihren Ehrgeiz und ihre Intelligenz. Damit war schon etwas anzufangen. Und wenn ich, ihr Kapital und Spieleinsatz, wirklich einmal müde wurde, nur und immer wieder zu gewinnen, half mir, als letzte Reserve, eines weiter: Ich hatte die vollkommene Mutter ja lieb. Ich hatte sie sehr lieb.

Erreichbare Ziele sind besonders deshalb und deshalb besonders anstrengend, weil wir sie erreichen möchten. Sie fordern uns heraus, und wir machen uns, ohne nach links oder rechts zu blicken, auf den Weg. Meine Mutter blickte weder nach links noch nach rechts. Sie liebte mich und niemanden sonst. Sie war gut zu mir, und darin erschöpfte sich ihre Güte. Sie schenkte mir ihren Frohsinn, und für andere blieb nichts übrig. Sie dachte nur an mich, weitere Gedanken hatte sie keine. Ihr Leben galt mit jedem Atemzuge mir, nur mir.

Darum erschien sie allen anderen kalt, streng, hochmütig, selbstherrlich, unduldsam und egoistisch. Sie gab mir alles, was sie war und was sie hatte, und stand vor allen anderen mit leeren Händen da, stolz und aufrecht und doch eine arme Seele. Das erfüllte sie mit Trauer. Das machte sie unglücklich. Das trieb sie manchmal zur Verzweiflung. Ich sage das nicht obenhin und nicht als Redensart. Ich weiß, was ich sage. Ich war ja dabei, wenn sich ihre Augen verdunkelten. Damals, als ich ein kleiner Junge war. Ich fand sie ja, die hastig bekritzelten Zettel, wenn ich aus der Schule kam! Auf dem Küchentisch lagen sie. »Ich kann nicht mehr!« stand darauf. »Sucht mich nicht!« stand darauf. »Leb wohl, mein lieber Junge!« stand darauf. Und die Wohnung war leer und tot.

Dann jagte ich, von wilder Angst gehetzt und gepeitscht, laut weinend und fast blind vor Tränen, durch die Straßen, elbwärts und den steinernen Brücken entgegen. Die Schläfen hämmerten. Der Kopf dröhnte. Das Herz raste. Ich lief in Passanten hinein, sie schimpften, und ich jagte weiter. Ich taumelte vor Atemlosigkeit, schwitzte und fror, fiel hin, rappelte mich hoch, merkte nicht, dass ich blutete, und jagte weiter. Wo konnte sie sein! Würde ich sie finden? Hatte sie sich etwas angetan? War sie gerettet worden? War es noch Zeit, oder war es zu spät? »Mutti, Mutti, Mutti!«, stammelte ich in einem fort und rannte um ihr Leben. »Mutti, Mutti, Mutti, Mutti!« Mir fiel nichts weiter ein. Es war bei diesem Wettlauf mit dem Tod mein einziges endloses Gebet.

Ich fand sie fast jedes Mal. Und fast jedes Mal auf einer der Brücken. Dort stand sie bewegungslos, blickte auf den Strom hinunter und sah aus wie eine Wachsfigur. »Mutti, Mutti, Mutti!« Nun schrie ich es laut und immer lauter. Mit letzter Kraft schleppte ich mich zu ihr hin. Ich packte sie, zerrte an ihr, umarmte sie, schrie und weinte und schüttelte sie, als sei sie eine große, bleiche Puppe – und dann erwachte sie wie aus einem Schlaf mit offnen Augen. Jetzt erst erkannte sie mich. Jetzt erst merkte sie, wo wir waren. Jetzt erst erschrak sie. Jetzt erst konnte sie weinen und mich fest an sich drücken und mühsam und heiser sagen: »Komm, mein Junge, bring mich nach Hause!« Und nach den ersten zaghaften Schritten flüsterte sie: »Es ist schon wieder gut.«

Manchmal fand ich sie nicht. Dann irrte ich ratlos von einer Brücke zur andern, lief heim, um nachzusehen, ob sie inzwischen zurückgekommen sei, rannte wieder zum Fluss, die Brückentreppen hinunter, das Neustädter Ufer entlang, schluchzte und bebte vor Angst, ich könne Boote entdecken, von denen aus man mit langen Stangen nach jemandem fischte, der von der Brücke gesprungen war. Dann schleppte ich mich wieder nach Hause und warf mich, von Hoffnung und Verzweiflung geschüttelt, über ihr Bett. Halb ohnmächtig vor Erschöpfung schlief ich ein. Und wenn ich erwachte, saß sie neben mir und drückte mich fest an sich. »Wo bist du gewesen?«, fragte ich, glücklich und ratlos. Sie wusste es nicht. Sie schüttelte über sich selber den Kopf. Dann versuchte sie zu lächeln und flüsterte, auch diesmal: »Es ist schon wieder gut.«

Eines Nachmittags ging ich, statt zu spielen, heimlich zu Sanitätsrat Zimmermann in die Sprechstunde und schüttete ihm mein Herz aus. Er drehte seinen Knebelbart zwischen den nikotinbraunen Fingern, betrachtete mich freundlich und sagte: »Deine Mutter arbeitet zu viel. Ihre Nerven sind nicht gesund. Es sind Krisen, schwer und kurz wie Gewitter im Sommer. Sie müssen sein, damit sich die Natur wieder einrenkt. Hinterher ist die Luft doppelt frisch und rein.« Ich sah ihn zweifelnd an. »Auch die Menschen«, meinte er, »gehören zur Natur.« »Aber nicht alle Menschen wollen von Brücken springen«, wandte ich ein. »Nein«, sagte er, »glücklicherweise nicht.«

Er fuhr mir übers Haar. »Deine Mutter müsste ein paar Monate ausspannen. Irgendwo in der Nähe. In Tharandt, in Weixdorf, in Langebrück. Du könntest mittags von der Schule aus hinausfahren und bis zum Abend bei ihr bleiben. Schularbeiten kann man auch in Weixdorf machen.« »Sie wird es nicht tun«, erwiderte ich, »wegen der Kundschaft. Ein paar Monate, das ist zu lange.« »Weniger wäre zu wenig«, gab er zur Antwort, »aber du hast recht: Sie wird es nicht tun.« Ich sagte schuldbewusst: »Sie wird es meinetwegen nicht tun. Sie plagt sich meinetwegen ab. Meinetwegen braucht sie das Geld.« Während er mich zur Tür brachte, klopfte er mir auf die Schulter. »Mach dir keine Vorwürfe! Wenn sie dich nicht hätte, wär es viel schlimmer.«

»Sie erzählen ihr nicht, dass ich hier war?« »Na erlaube mal! Natürlich nicht!« »Und Sie glauben nicht, dass sie wirklich von der Brücke … vielleicht … eines Tages …?« »Nein«, sagte er, »das glaub ich nicht. Auch wenn sie alles um sich her vergisst, wird ihr Herz an dich denken.« Er lächelte. »Du bist ihr Schutzengel.«

Meine Mutter, zu Wasser und zu Lande

Und noch einmal – weil eben von Fels und Fluss und Wiesen die Rede war – will ich die Fanfare an die Lippen setzen und das Lob meiner Mutter in die Lüfte schmettern, dass es von den Bergen widerhallt. Aus allen Himmelsrichtungen antwortet das Echo, bis es klingt, als stimmten hundert Waldhörner und Trompeten, Frau Kästner zu Ehren, in mein Preislied ein. Und schon mischen sich die Bäche und Wasserfälle ins Konzert, die Gänse auf den Dorfstraßen, die Hämmer vor der Schmiede, die Bienen im Klee, die Kühe am Hang, die Mühlräder und Sägewerke, der Donner überm Tal, die Hähne auf dem Mist und auf den Kirchtürmen und die Bierhähne in den abendlichen Gasthöfen. Die Enten im Tümpel schnattern Beifall, die Frösche quaken Bravo, und der Kuckuck ruft von weit her seinen Namen. Sogar die Pferde vorm Pflug blicken von der Feldarbeit hoch und wünschen dem ungleichen Paar auf der Landstraße wiehernd gute Reise.

Wer sind die beiden, die singend und braungebrannt das Land durchstreifen? Die wie zwei Handwerksburschen aus der gluckernden Feldflasche trinken? Die hoch über Hügeln und Tälern rasten, hartgekochte Eier frühstücken und zum Nachtisch das liebliche Panorama mit den Augen verzehren? Die bei Sturm und Regen mit Pelerinen und Kapuzen trotzig und unverdrossen durch die Wälder ziehen? Die abends am Wirtshaustisch eine warme Suppe löffeln und, kurz darauf, herrlich müde ins buntkarierte Bauernbett sinken?

Das Wandern wurde, mir zuliebe, Frau Kästners Lust, und sie betrieb dieses dem Gemüt und der Gesundheit dienliche Vergnügen höchst systematisch. So ließ sie sich zunächst einmal, etwa als ich acht Jahre zählte, zum Erstaunen der Schneiderin ein wetterfestes

Kostüm aus grünem Loden anfertigen. Im Geschäft wäre es billiger gewesen, doch in Geschäften gab es dergleichen nicht. Frauen wanderten damals nicht, es war ganz und gar nicht Mode. Der Rock reichte, der Zeit gemäß, fast bis zu den Knöcheln! Frau Wähner, die Putzmacherin, fabrizierte nach Mutters Angaben einen breitkrempigen grünen Lodenhut, der mit zwei gabelförmigen Patenthutnadeln in der Frisur verankert und vertäut wurde, und auch Frau Wähner staunte. Zwei grüne Regenpelerinen wurden eingekauft. Mein Vater, der das Staunen längst verlernt hatte, schuf in der Kellerwerkstatt mit wahrem Feuereifer zwei unzerreißbare grüne Rucksäcke, den kleineren für mich. Und so waren wir bald aufs beste und aufs grünste ausgerüstet.

Nicht das Geringste fehlte. Alles Notwendige war beschafft worden: zwei eisenbewehrte Bergstöcke, eine Feldflasche, Büchsen für Butter, Wurst, Eier, Salz, Zucker und Pfeffer, ein Kochgeschirr für Knorrs Erbswurst und Maggi-Suppen, ein Spirituskocher und zwei leichte Essbestecke. Zu den kernigen Stiefeln gehörte eine Büchse mit Lederfett, und nur einmal wurde sie, bei einem Picknick irgendwo in der Lausitz, mit der Butterbüchse verwechselt. Schon nach dem ersten Bissen war uns klar, dass es sich nicht empfiehlt, Lederfett aufs Brot zu streichen. Es heißt zwar, über den Geschmack ließe sich streiten. Doch auf die Frage, ob Lederfett ein Genussmittel sei, dürfte es wirklich nur eine einzige Antwort geben. Jedenfalls ist dies seitdem meine fundierte Meinung. Gegenteilige Belehrungen müsste ich rundweg ablehnen.

Wir waren aufs Wandern lückenlos vorbereitet und brauchten nur noch das Wandern selber zu erlernen. Unsere Wanderjahre waren Lehrjahre. Anfangs glaubten wir zum Beispiel, der Mensch wisse auch

Ida und Erich Kästner in Wanderkluft

an Kreuzungen den richtigen Weg, der zum richtigen Ziele führt. Als wir aber, zu wiederholten Malen, nach vier, ja fünf Stunden verblüfft dort anlangten, wo wir morgens aufgebrochen waren, begannen wir am Instinkt des Europäers zu zweifeln. Wir waren keine Indianer. Und es half nichts, sich nach dem Stande der Sonne zu richten. Vor allem dann nicht, wenn man sie vor lauter Wald und Wolken gar nicht sah!

Deshalb gingen wir dazu über, anhand von Landkarten und Mess-tischblättern das Weite zu suchen, und brachten es mit der Zeit zu nahezu fehlerlosen Ergebnissen. Auch Blasen an den Füßen, Atemnot und Kreuzschmerzen überwanden wir bald. Wir gaben nicht nach. Wir schritten fort und wurden Fortgeschrittene. Schließlich kannten wir alle Schliche des Wanderns. Wir legten am Tag vierzig, sogar fünfzig Kilometer zurück, ohne dass uns dies sonderlich angestrengt hätte, und wir durchstreiften auf diese Weise Thüringen, Sachsen, Böhmen und Teile Schlesiens. Wir erstiegen, langsamen Schritts, zwölfhundert Meter hohe Berge, und wir hätten auch noch höhere Gipfel erklommen, wenn es nur welche gegeben hätte. Wo es uns be-sonders gefiel, spendierten wir uns einen Ruhetag und faulenzten wie schnurrende Katzen. Dann ging es weiter im Text, eine Woche und manchmal vierzehn Tage lang, zuweilen mit Dora, der Kusine, meist und fast noch lieber ohne sie. Die Märsche wurden für unsere ge-lehrigen Füße zu Spaziergängen. Zwischen uns und der Natur stand keine Mühe mehr. Die Flüsse, der Wind, die Wolken und wir blieben im Takt. Es war herrlich. Und gesund war es außerdem. Vom Fuß bis zum Kopf, und vom Kopf bis zu den Füßen. Mens sana in corpore sano, wie wir Lateiner sagen.

So eroberten wir uns den Thüringer Wald und die Lausitzer Berge, die Sächsische Schweiz und das böhmische Mittelgebirge, das Erzgebirge und das Isergebirge, und dazu sangen wir: »O Täler weit, o Höhen, o schöner grüner Wald!« Vom Jeschken bis zum Fichtelberg, von der Roßtrappe bis zum Milleschauer erstiegen wir alle Gipfel und Gipfelchen. Ruinen und Klöster, Burgen und Museen, Dome und Schlösser, Wallfahrtskirchen und Rokokogärten lagen am Weg, und wir hielten feierlich Umschau. Dann zogen wir weiter, kreuz und quer durchs Land, die Friseuse in grünem Loden und ihr Junge. Manchmal hatte ich sogar meine buntbebänderte Laute dabei, da sang es sich noch besser. »Da draußen, stets betrogen, saust die geschäft'ge Welt«, sangen wir, und der Herr von Eichendorff, der Dichter des Liedes, hätte seine helle Freude an uns beiden gehabt, wenn er nicht schon tot gewesen wäre. Zwei glücklichere Enkel der Romantik hätte er so bald nicht gefunden.

Dieser oder doch einer ähnlichen Meinung schien eines Tags ein Herr zu sein, der noch lebte. Meine Mutter und ich waren nach einer mehrtägigen Wanderung durch die Sächsische Schweiz im Linckeschen Bad eingekehrt, einem Gartenlokal an der Elbe, das durch den Kammergerichtsrat E. T. A. Hoffmann, einen romantischen Kollegen Eichendorffs, berühmt geworden ist. Die Königsbrücker Straße lag nur um die Ecke, aber wir hatten Durst und noch keine rechte Lust aufs Daheimsein. So ließen wir uns Zeit, tranken kühle Limonade und brachen, nachdem die Kellnerin kassiert hatte, in schallendes Gelächter aus. Denn jetzt besaßen wir, wie wir das Portemonnaie auch drehten und wendeten, nur noch ein einziges Geldstück, einen Kupferpfennig! Mitten im »Goldenen Topf«! (Diese Bemerkung gilt bloß für belesene Leute.)

Der Herr am Nebentisch wollte wissen, warum wir so fröhlich

waren. Und als wir es ihm gesagt hatten, machte er meiner Mutter einen Heiratsantrag. Er sei, erzählte er, ein in den Vereinigten Staaten reich gewordener Deutscher, der sich für drüben eine Frau suche. Meine Mutter sei, das habe er sofort gemerkt, die Richtige, und dass er bei dieser einmaligen Gelegenheit auch noch einen so aufgeweckten und lustigen Sohn als Zuwaage erhalte, sei ein Glücksfall ohnegleichen. Unsere unverdrossen wachsende Heiterkeit steigerte seinen Eifer, statt ihn zu dämpfen. Dass wir einen Ehemann und Vater bereits besäßen, focht ihn nicht an. Dergleichen lasse sich, meinte er selbstsicher, mit genügend Geld und bei einigem guten Willen bequem regeln. Er war von seinem Vorsatz, uns beide zu heiraten und nach Amerika mitzunehmen, durch nichts abzubringen. Und so blieb uns schließlich nichts übrig als die Flucht. Wir waren, als geübte Wanderer, besser zu Fuß als er. Er verlor uns aus den Augen, und so konnten wir uns gerade noch retten und dem Deutschen Reich erhalten.

Hätten wir nicht so schnell laufen können, meine Mutter und ich, dann wär ich heute womöglich ein amerikanischer Schriftsteller oder, in Anbetracht meiner deutschen Sprachkenntnisse von Kind auf, Generalvertreter für Coca-Cola, Chrysler oder die Paramount in Nordrhein-Westfalen oder Bayern! Und im Jahre 1917 hätte ich dann vor dem soeben erwähnten Linckeschen Bad nicht im Schilderhause stehen und Wache schieben müssen! Aber stattdessen wär ich vielleicht amerikanischer Soldat gewesen! Denn so schnell und so weit weg, dass man auf dieser verrückten Welt nicht doch irgendwo Soldat wird, kann man gar nicht laufen! Nun ja, das gehört nicht hierher.

Mein Vater war eine beinahe noch peniblere Hausfrau als meine Mutter. Bevor sie und ich aus der Wildnis heimkehrten, begann er in Kernseife, Sidol und Bohnerwachs förmlich zu schwelgen. Wie ein Berserker fiel er mit Schrubbern, Scheuerhadern, Wurzelbürsten, Putzlappen und Fensterledern über die Wohnung her. Auf jedes Stäubchen machte er Jagd. Er rumorte bis tief in die Nacht. Tagsüber war er ja in der Kofferfabrik und hatte für Zimmerkosmetik keine Zeit. Grützners und Stefans, die nebenan wohnten, konnten dann nicht einschlafen und sagten: »Aha, die zwei Wanderburschen kommen morgen zurück!«

Es war jedes Mal dasselbe. Wir traten in den Korridor und fühlten uns plötzlich noch viel staubiger und dreckiger, als wir schon waren. Die Klinken, der Herd und die Ofentüren blitzten. Die Fenster schimmerten lupenrein. Im Linoleum hätten wir uns, wenn wir gewollt hätten, spiegeln können. Aber wir wollten nicht. Wir wussten ohnehin, dass wir wie Landstreicher aussahen. Da half nur eins: der Sprung in die Badewanne. – Kaum dass wir wieder gesitteten Stadtbewohnern einigermaßen ähnlich sahen, trabte ich als Herold durch die Straßen und brachte den Kunden die Kunde, dass die Friseuse Ida Kästner aus den Ferien zurück sei und nach Weiberköpfen lechze. So wurde denn in den nächsten Tagen frisiert, onduliert, kopfmassiert und kopfgewaschen, bis alle Geschäftsfrauen und Verkäuferinnen hinter ihren Ladentischen wieder wie neu aussahen. Sie blieben ihrer Friseuse treu. Einmal wurde, weil wir auf Wanderschaft waren, sogar eine Hochzeit verschoben. Die Braut, ein Ladenfräulein aus dem Konsum, hatte darauf bestanden.

Am Abend nach unserer Rückkunft trat dann mein Vater, nachdem er sein Fahrrad im Keller verstaut hatte, in die Küche und sagte befriedigt: »Da seid ihr ja wieder!« Mehr sagte er nicht, und mehr war ja auch nicht nötig. Das Reden besorgten wir.

Länger als zwei Wochen pflegten, aus notwendiger Rücksicht auf Mutters Kundinnen, unsere Landstreichereien nicht zu dauern. Doch meine Sommerferien dauerten länger. Und so verbrachten wir halbe, manchmal sogar ganze Tage der restlichen Ferienzeit an den Waldteichen in Dresdens Nähe oder im König Friedrich August-Bad in Klotzsche-Königswald. Obwohl mir weder der Schwimmunterricht an der Angel, mit den stupiden Kommandos des Bademeisters, noch das Herumkrebsen mit einem Korkgürtel um den Bauch auch nur das Mindeste genützt hatte, war ich, heimlich im Selbstlehrgang, ein leidlicher Schwimmer geworden.

Da meine Mutter es nur schwer ertragen konnte, wenn sie, hilflos vom Ufer oder vom Bassin für Nichtschwimmer aus, nichts als meinen Haarschopf erblickte, beschloss sie, Schwimmerin zu werden. Wisst ihr, wie damals Badeanzüge für Frauen aussahen? Nein? Seid froh! Sie glichen Kartoffelsäcken aus Leinen, nur dass sie bunt waren und lange Hosenbeine hatten. Und statt anliegender Badehauben trug die Damenwelt aufgeplusterte Kochmützen aus rotem Gummi. Es war ein Anblick zum Steinerweichen.

In diesem närrischen und unbequemen Kostüm stieg meine Mutter in die Fluten des Weixdorfer Teichs, legte sich waagrecht auf den Wasserspiegel, machte einige energiegeladene Bewegungen, öffnete den Mund, um etwas zu sagen, und versank! Was sie hatte sagen wollen, weiß ich nicht. Ganz bestimmt war es nicht das, was sie, als sie einige Sekunden später zornig wieder auftauchte, tatsächlich äußerte. Die Sohnespflicht und die Schicklichkeit verbieten es mir, die Bemerkung zu wiederholen. Die Nachwelt wird sich näherungsweise denken können, was gesagt wurde. Und die Nachwelt hat bekanntlich immer recht. Festgestellt sei jedenfalls, dass die hier unwiederholbare Erklärung erst abgegeben wurde, nachdem meine Mutter einen nicht unbeträchtlichen Teil des idyllisch gelegenen Waldteichs ausgespuckt hatte und, von mir gestützt, zum Ufer wankte.

Weitere Schwimmversuche unternahm sie nicht. Das Element, das keine Balken hat, hatte ihr den Gehorsam verweigert. Die Folgen hatte es sich selber zuzuschreiben. Das leuchtete allen, die meine Mutter kannten, ohne weiteres ein. Sie war in ihrem Leben schon mit ganz anderen Elementen fertiggeworden! Das Wasser wollte nicht? Ida Kästner grüßte es nicht mehr.

Im König Friedrich August-Bad gab es, außer einer mit der sächsischen Krone verzierten Umkleidekabine für den Monarchen, die von diesem freilich nur selten benutzt und bei starkem Publikumsandrang gegen ein minimales Aufgeld auch an Nichtkönige vergeben wurde, jahrelang eine weitere, keineswegs geringere Sensation. Der Herr hieß Müller. Er stammte dessen ungeachtet aus Schweden und war der Erfinder einer Freiluftgymnastik, die er sich zu Ehren das »Müllern« getauft hatte. Herr Müller trug einen kleinen schwarzen Bart und eine kleine weiße Badehose, war athletisch gewachsen, am ganzen Körper bronzebraun und würde heute, wenn es ihn in seiner damaligen Verfassung noch gäbe, unweigerlich zum Mister Universum gewählt werden.

Herr Müller war ohne Frage der schönste Mann des neuen Jahrhunderts. Das fand, bei aller skandinavischen Bescheidenheit, sogar er selber. Das Herrenbad – die Bäder waren streng voneinander getrennt, und man konnte sich mit seiner Mama nur im »Restaurant« treffen (oh, die Thüringer Bratwürste mit Kartoffelsalat!) –, das Herrenbad also schloss sich Herrn Müllers Ansichten über Herrn Müller

Im König Friedrich August-Bad, um 1907. In der ersten Reihe, mit gekreuzten Beinen, der kleine Erich. Der Herr mit dem schwarzen Schnauzbart könnte Herr Müller sein, auch wenn er hier keine weiße Badehose trägt.

vorbehaltlos an, und da das Turnen im Grünen ein Schönheitsmittel zu sein schien, müllerten wir Männer begeistert und voller Hoffnungen. Es gibt eine Fotografie, worauf wir, in Badehosen und hübsch hintereinander, zu sehen sind. Herr Müller beschließt die Reihe. Ich bin der Erste. Fast schon so schön wie der Schwede. Nur ohne Bart und wesentlich kleiner.

Dass das Damenbad hinter unserer Bewunderung nicht zurückstehen wollte und konnte, versteht sich am Rande. Dank seiner Eigenschaften als Erfinder und Vorturner war Herr Müller der einzige Mann, der das Paradies der Damen betreten durfte, und die Dresdner

Frauenwelt müllerte, in sogenannte Lufthemden gehüllt, dass die Wiese zitterte. Trotzdem blieb der Schwede schön, und wenn es ihm gelungen war, sich von den Evastöchtern und -müttern loszureißen, turnte er, zur Erholung, wieder mit uns Männern.

Mit dem Schwimmen war meine Mutter böse. Mit dem Radfahren fand sie sich ab. Tante Lina hatte Dora ein Fahrrad geschenkt. Ich hatte die Fahrkunst auf meines Vaters Rad gelernt. Und weil der Gedanke auftauchte, man könne durch gelegentliche Radtouren das Ferienprogramm noch bunter als bisher gestalten, kaufte sich meine Mutter bei Seidel & Naumann ein fabrikneues Damenrad und nahm neugierig darauf Platz. Mein Vater hielt das Rad am Sattel fest, lief eifrig neben seiner kurvenden Gattin her und erteilte atemlose Ratschläge. Diese Versuche waren nicht nur von ihm, sondern auch von Erfolg begleitet, und so stand einem Ausfluge per Rad nichts Sonderliches im Wege. Er lieh mir sein Fahrrad, schraubte den Sattel so niedrig wie möglich und wünschte uns viel Glück.

Glück kann man immer gebrauchen. Ebene Wegstrecken und leichte Steigungen boten keine nennenswerten Schwierigkeiten, und von der Mordgrundbrücke bis zum Weißen Hirsch wurden die Räder, weil es steil bergauf ging, geschoben. Dann saßen wir wieder auf, strampelten nach Bühlau und bogen in die Heide ein. Denn wir wollten in der Ullersdorfer Mühle Kaffee trinken und Quarkkuchen essen. Oder Eierschecke? (Eierschecke heißt eine sächsische Kuchensorte, die zum Schaden der Menschheit auf dem restlichen Globus unbekannt geblieben ist.) Vielleicht wollten wir auch beides essen, Eierschecke und Quarkkuchen, und schließlich taten wir es ja auch – nur meine Mutter, die freute sich nicht, sondern trank Kamillentee. Sie war, kurz zuvor und gegenüber der Mühle, in einen dörflichen Gartenzaun gesaust. Dabei waren der Zaun und die tollkühne Radlerin leicht beschädigt worden. Der Schreck war größer gewesen als das Malheur, aber die Kaffeelust und Kuchenlaune waren ihr vergangen. Sie hatte beim Bergab vergessen gehabt, auf die Rücktrittbremse zu treten, und das nahm sie sich und der Bremse übel.

Was Zufall, Pech und Anfängerei gewesen zu sein schien, entpuppte sich mit der Zeit als Gesetz. Meine Mutter vergaß die Rücktrittbremse jedes Mal und immer wieder! Kaum senkte sich ein Weg, so raste sie auch schon davon, etwa wie die Rennfahrer der Tour de France, wenn sie von den Pyrenäen herunterkommen. Dora und ich jagten hinterdrein, und wenn wir sie am Ende des Berges endlich eingeholt hatten, stand sie neben ihrem Rad, war blass und sagte: »Wieder vergessen!« Es war lebensgefährlich.

Von der Augustusburg sauste sie die steile Straße nach Erdmannsdorf hinunter, dass uns Kindern das Herz stehenblieb. Wieder war ihr nichts zugestoßen. Vielleicht war ein Schutzengel mit ihr Tandem gefahren. Doch unsere Radtouren wurden mehr und mehr zu Angstpartien. Man konnte davon träumen. Manchmal sprang sie mitten auf dem Berg ab und ließ das Rad fallen. Manchmal lenkte sie es in den Straßengraben und fiel selber. Es ging immer glimpflich ab. Aber ihre und unsere Nerven wurden dünner und dünner. Das konnte nicht der Sinn solcher Ferientage sein. Und so stiegen wir für immer von den Pedalen herab und auf Schusters Rappen um. Das Damenrad wanderte in den Keller, und wir wanderten wie ehedem zu Fuß. Da gab es keine Rücktrittbremse, die man vergessen konnte.

Wenn ich ein moderner Seelenprofessor wäre, würde ich mir tiefe Gedanken machen und in einer der Fachzeitschriften unter dem Titel »Die Rücktrittbremse als Komplex, Versuch einer Deutung« einen Aufsatz veröffentlichen, worin es etwa hieße »Für Frau Ida K., die vorerwähnte Patientin, konnte es, wie im Leben überhaupt, so auch beim Radfahren im Besonderen, nur ein Bergauf geben. Dem unverwüstlichen Ehrgeiz, der diese Frau, nach eigenen Enttäuschungen und im Hinblick auf ihren hoffnungsvollen Sohn, pausenlos erfüllte, war der gegenteilige Begriff, das Bergab, ziel- und wesensfremd. Da Ida K. das Bergab kategorisch ablehnte und dessen Konsequenzen deshalb gar nicht bedenken konnte, fehlte ihr naturnotwendig jeder Sinn für Vorsichtsmaßregeln. Befand sie sich, wie beispielsweise bei Radtouren, dennoch einem Bergab gegenüber, so weigerte sich ihr Bewusstsein, eingelernte Regeln anzuwenden. Sie wurden automatisch über die Bewusstseinsschwelle ins Unterbewusstsein abgedrängt. Dort fristete die Rücktrittbremse, obwohl gerade die Firma Seidel & Naumann vorzügliche Bremsen fabrizierte, ein für Frau Ida K. im Momente der Gefahr unbekanntes, weil von ihr radikal abgestrittenes Dasein. Sie konnte weder das Phänomen des Bergab noch wie auch immer geartete Techniken anerkennen, die den Niedergang bremsen sollen. Damit hätte sie, implizite, ihren magischen Willen zum Bergauf kritisiert und angezweifelt. Das kam für sie nicht in Betracht. Lieber bezweifelte sie grundsätzlich, dass Berge nicht nur empor, sondern auch abwärts führen. Lieber bezweifelte sie, auf jedes Risiko hin, die Realität.«

Glücklicherweise bin ich kein beruflicher Tiefseelentaucher und kann mir derartig hintersinnige Abhandlungen und Deutungen ersparen. Menschen zu beschreiben, interessiert mich mehr, als sie zu erklären. Beschreibung ist Erklärung genug. Doch vielleicht ist in dem vorigen Absatz, den ich zum Spaße schrieb, ein Fünkchen Wahrheit enthalten? Es würde mich gar nicht wundern.

Jedenfalls steht fest, dass wir allesamt heilfroh waren, als die Angstpartien ihr Ende gefunden hatten, und noch dazu ein glückliches Ende. Am frohesten war mein Vater. Denn nun hatte er sein Rad wieder und brauchte während der Schulferien nicht mehr mit der Straßenbahn in die Fabrik zu fahren.

Ida Kästner und ihr Fahrrad

Kleine Epistel

Wie war die Welt noch imposant,
als ich ein kleiner Junge war!
Da reichte einem das Gras
 bis zur Nase,
falls man im Grase
 stand!

Geschätzte Leser –
das waren noch Gräser.
Die Stühle war'n höher,
 die Straßen breiter,
der Donner war lauter,
 der Himmel weiter,
die Bäume war'n größer,
 die Lehrer gescheiter!
Und noch ein Pfund Butter,
 liebe Leute,
war drei- bis viermal schwerer
 als heute!
Kein Mensch wird's bestreiten –
das waren noch Zeiten!

Wie dem auch sei,
vorbei ist vorbei.
Nichts blieb beim Alten.
Man wuchs ein bisschen.
Nichts ließ sich halten.
Der Strom ward zum Flüsschen,
der Riese zum Zwerg,
zum Hügel der Berg.
Die Tische und Stühle,
die Straßen und Räume,
das Gras und die Bäume,
die großen Gefühle,
die Lehrer, die Träume,
dein Wille und meiner,
der Mond und das übrige
Sternengewölbe –
alles ward kleiner,
nichts blieb dasselbe.

Man sah's. Man ertrug's.
Bloß weil man später
ein paar Zentimeter
wuchs.

Der kleine Redakteur

Jahrgang 1899

Wir haben die Frauen zu Bett gebracht,
als die Männer in Frankreich standen.
Wir hatten uns das viel schöner gedacht.
Wir waren nur Konfirmanden.

Dann holte man uns zum Militär,
bloß so als Kanonenfutter.
In der Schule wurden die Bänke leer,
zu Hause weinte die Mutter.

Dann gab es ein bisschen Revolution
und schneite Kartoffelflocken;
dann kamen die Frauen, wie früher schon,
und dann kamen die Gonokokken.

Inzwischen verlor der Alte sein Geld,
da wurden wir Nachtstudenten.
Bei Tag waren wir bureau-angestellt
und rechneten mit Prozenten.

Dann hatte sie fast ein Kind gehabt,
ob von dir, ob von mir – was weiß ich!
Das hat ihr ein Freund von uns ausgeschabt.
Und nächstens werden wir dreißig.

Wir haben sogar ein Examen gemacht
und das meiste schon wieder vergessen.
Jetzt sind wir allein bei Tag und bei Nacht
und haben nichts Rechtes zu fressen!

Wir haben der Welt in die Schnauze geguckt,
anstatt mit Puppen zu spielen.
Wir haben der Welt auf die Weste gespuckt,
soweit wir vor Ypern nicht fielen.

Man hat unsern Körper und hat unsern Geist
ein wenig zu wenig gekräftigt.
Man hat uns zu lange, zu früh und zumeist
in der Weltgeschichte beschäftigt!

Die Alten behaupten, es würde nun Zeit
für uns zum Säen und Ernten.
Noch einen Moment. Bald sind wir bereit.
Noch einen Moment. Bald ist es so weit!
Dann zeigen wir euch, was wir lernten!

Freust Du Dich über Deinen kleinen Redakteur?

[Leipzig, 3. Februar 1924]
Sonntag mittag 2ʰ
Mein liebes gutes Muttel!

Bei Felsche. Natürlich, was? Soeben zu Mittag gegessen: Spargel-suppe & Kalbsbrust mit Leipziger Allerlei für 66 Pfg. & ein Glas Cognac, zur Verdauung, für 33 Pfg., 1 Pfg. Trinkgeld: Macht 1 Goldmark. Wenn Du wüßtest, was ich zusammenfresse! Manchmal esse ich sogar noch abends etwas warm! Eigentlich ist das unanständig, wie? Aber es bekommt mir gut. Wirklich ausgezeichnet. Ich glaube, meine

Kaffeehaus Felsche, Leipzig. EK an Ida Kästner, 30.9.1937

Nerven haben sich ganz bedeutend gebessert. Und da bin ich doch recht froh drüber.

Hör mal, arbeitet EK voll? Und verdient da nur 18 Mark? Das ist ja furchtbar. Ich verdiente vorige Woche 19 Mark bei 33 Std Arbeit!

Es ist schad: Richter hat noch nichts wieder seit dem Gedicht gebracht, obwohl er schon wieder verschiedene Sachen angenommen hat. Aber etwas viel Ausschlaggebenderes, mein Muttchen! Vorigen Mittwoch machten Schramm, Dr. Gieseking & ich einen Bummel bis früh 1/2 7ʰ! [am Rand: Das war dann also schon Donnerstag mittlerweile geworden! Pfui, was?] 7–10ʰ habe ich dann bei Schramm auf dem Sofa geschlafen. Aber jedenfalls: Früh von 3–6ʰ waren wir in einem Weinlokal, das heimlich so lange weitergeht. Denn eigentlich ist doch schon um 1ʰ Polizeistunde. Na, wir kommen, leise angesäuselt, da hinein. Am Nebentisch sitzt der Chefredakteur vom »Leben«, Dr. Ploch. Mit Frau, Schwägerin & einem Bekannten. Ich mache alle miteinander bekannt. Und es war recht fidel. Sekt etc. Es wurde getanzt, & ich unterhielt mich mit Ploch & Frau. Er erzählte mir u. a., daß neben ihm noch ein Redakteur fürs »Leben« angestellt wäre. »Hallo! Weiß ich gar nicht, Herr Doktor. Wer ist das denn?« »Ossip Kalenter!« Ich wunderte mich. Er sagte – aber ganz genau kann ich mich nicht mehr erinnern von wegen dem kleinen Schwips –, Kalenter wäre viel krank etc. Nun fing ich an zu flachsen: Wenn er schon noch einen Redakteur neben sich hätte, dann wäre *ich* der gegebene Mann. Seine Frau würde mir sicher beistimmen – Du weißt schon, wie ich so was andrehe. War natürlich alles Spaß von mir. Und wie ich am nächsten Tag nach Hause komme, liegt folgender beiliegender Brief da. Nun bin ich ja mächtig gespannt! Wenn das klappte – wenn mein Muttchen diesen Brief liest, weiß *ich* schon, ob's schiefgegangen ist oder nicht. Muttel: Wenn ich

Ilse (Beeks-)Julius, um 1925

morgen mittag wirklich Redakteur bin, schreib ich sofort Postkarte. (…) Aber Bestes, sprich noch nicht darüber, *bevor Du nicht* die Postkarte hast! Und *wenn keine Karte kommt*, weißt Du: Es ist *schiefgegangen!* (…)

Tausend Grüße, Küsse & alles Gute von Deinem Jungen.

Schone Dich nur recht! Mein Liebes, Nervöses Du!

Kannst Du nicht schon morgen zur Wäsche eine Frau kriegen? Und rechten Dank, daß Du Maiglöckchen zu Ilse gebracht hast!

[Leipzig] 4. 2. 24

Ist gemacht! 200 M Anfangsgehalt. Vorläufig ein Probemonat. Also: Wenn's mir zuviel Arbeit wird, rücke ich wieder ab. Aber ich glaube, das wird ganz gut gehen – am Sonnabend komme ich nach Hause. (…) Freust Du Dich über Deinen kleinen Redakteur?

Donnerstag, Leipzig [23. 10. 1924]

Ich hab mir heut schon mehrmals überlegt, wie es möglich wäre, daß Du zu Mittag & zu Abend richtigen Appetit hast & richtig ißt. Soll ich Dir jeden Tag eine oder zwei Karten schreiben, die Du dann zum Essen liest? Ich befürchte nur, es hilft nicht sehr viel.

Wie wäre es denn, wenn Du essen gingest? Wird das zu teuer? (…) Ich muß erst abwarten, bis ich von den Zeitungen und Zeitschriften, die angenommen haben, Geld kriege. Ich kann Dir dann sicher öfter schicken. Da gehst Du dann in ein nettes Restaurant in der Stadt. (…)

Hast Du Dich viel über Dein Söhnchen geärgert, als es in Dresden war? Nein, nicht wahr? Der kleine Erich ist ein bißchen leichtsinnig im Geldausgeben. Das muß er sich unbedingt noch abgewöhnen. Jeden Tag mach ich ihm Vorhaltungen. (…) Ach wo, er sagt, er brauche doch wirklich nicht allzuviel. Und dann rechnet er mir vor. Und der Junge hat gar nicht so unrecht! – Na ja, man hat schon seinen Ärger mit ihm! Manchmal macht er einen ganz netten Eindruck. Findest Du auch? Und direkt schlecht ist er ja wohl auch nicht.

Hoffentlich krieg ich bald erfreuliche Nachrichten von Dir. (…) Grüße EK von mir und laß Dich recht lieb umarmen

von Deinem kleinen Schriftsteller

Frau Großhennig schreibt an ihren Sohn

Mein lieber Junge! Das war natürlich sehr schade,
dass Du zu meinem Geburtstag nicht kamst. Und nur
  schriebst.
Die Nelken waren sehr schön. Und Bratwurst hatten wir grade.
Weil ich doch hoffte Du kämst. Und Du doch Bratwurst so
  liebst.

Tante Isolde hat mir eine Lackledertasche geschenkt.
Nur Vater der hatte es gänzlich vergessen.
Ich war erst traurig. Wo er doch sonst stets an alles denkt.
Aber es gab viel zu tun, mit dem Kaffee, und dann mit
    dem Abendessen.

Und wie geht es Dir sonst und bist Du den trockenen
    Husten los?
Das macht mir Sorgen mein Kind. Und das darf man
    nicht hinhängen lassen.
Nächstens schick ich Dir Umlegekragen. Waren die letzten
    zu groß?
Ja wenn Du zu Hause wärst dann würden die Kragen
    schon passen.

Ach Krauses älteste Tochter hat kürzlich ein Kind gekriegt!
Wer der Vater ist weiß kein Mensch. Und sie soll es selber
    nicht wissen.
Ob denn das wirklich nur bloß an der Gymnasialbildung liegt?
Und schick bald die schmutzige Wäsche. Der letzte Kartong
    war schrecklich zerrissen.

Mein Kostüm habe ich umfärben lassen. Jetzt ist es marineblau.
Lass Dein Zimmer heizen. Wir machen schon lange Feuer.
Das Fleisch das kaufe ich jetzt bei unsrer Gemüsefrau
da ist es zehn Pfennige billiger. Ich finde es trotzdem noch
    teuer.

Drei Monate bist Du nun schon nicht zu Hause gewesen.
Lässt es sich wirklich nicht mal und wenns auf zwei Tage
ist machen?
Erst vorgestern habe ich eine Berliner Zeitung gelesen.
Fritz sieh Dich bloß vor! Da passieren ja grässliche Sachen!

Ist das Essen auch gut in dem Restaurant wo Du isst?
Lass Dir doch abends von Deiner Wirtin zwei Eier auf
Butter braten.
Das wird alles anders, wenn Du erst richtig verheiratet bist.
Ich weiß schon Du hast keine Lust. Das ist schade da lässt
sich nicht raten.

Unser neuer Zimmerherr der hat eine richtige Braut.
Die ist mitunter bei ihm. Sonst bin ich mit ihm ganz
zufrieden.
Die Hausmannsfrau hat sie gesehn. Und sagte gestern
ganz laut,
das wäre nicht immer dieselbe. Ich müsste das endlich
verbieten.

Hast Du in eurem Geschäft schon wieder mal Ärger gehabt?
Schreib mir nur alles und sieh Dich recht vor mit den
Mädelsgeschichten.
Es wäre doch schade um Dich. Denn Du bist doch sonst
so begabt.
Wie schnell ist was los mit dem Arzt und den
Vormundschaftsgerichten.

Sonst geht es uns allen wenn man das Schlechte nicht
    rechnet famos.
Ich hoffe dasselbe von Dir. Was wollte ich gleich noch sagen?
Das Papier ist zu Ende. Leb wohl! Bei Ehrlichs ist wieder
    was los.
Ich will nur den Brief noch ganz schnell in den
    Bahnhofsbriefkasten tragen.

Da fällt mir noch etwas ein. Doch es geht schon gar
    nicht mehr her.
Kannst Dus auch lesen? Frau Fleischer Stefan traf ich
    jetzt im Theater.
Was die Erna ist, ihre Tochter. Die liebt Dich längst schon.
    Und sehr.
Ich find sie recht nett. Na schon gut. Auch viele Grüße
    von Vater!

*In 8 Tagen arbeite ich wahrscheinlich schneller als fast
alle andern polit. Redakteure*

An Ida Kästner, Leipzig, 1. April 1926

[Leipzig] 1. April 26
Liebes gutes Muttchen!
    Hilde Decke hat recht bedauert, Dich nicht gesehen zu haben. Am
Sonnabend besucht sie mich im Verlag, um mit mir zu besprechen,
wann Du, sie und ich uns an den Feiertagen mal ins Grüne setzen

wollen. Das wird sehr nett werden. Leider hab ich den photogr. Apparat nicht mehr hier. Ilse nahm ihn kürzlich mit. Hast Du das Osterhäschen schon verspachtelt? Ich bin ein bissel nervös. Du merkst es wohl an der Schrift. Aber das ist immer nur kurz nachdem die Zeitung fertig wurde. So von ½ 7 – ½ 8. Dann bin ich wieder ganz ruhig und friedlich. Mir macht's großen Spaß vorläufig, und ich glaube, alle sind sehr, sehr zufrieden mit meinen Fortschritten.

Muttchen hat mir einen anziehbaren Osterhasen geholt? Au fein! Ich hoffe, es wird sehr hübsch hier werden. Schade, daß die Läden zu sind. Ich selber kann mir immer nur grade bissel Wurst holen vor 7^h. Sonst hab ich keine Zeit. Nicht mal zum Haarschneiden. Aber es wird schon werden. In 8 Tagen arbeite ich wahrscheinlich schneller als fast alle andern polit. Redakteure. Man ist mit mir höchst zufrieden. Na, am 30. April muß Marguth für 1. Juli 550 M kontraktlich zusagen. Sonst mach ich ihn kühl, den Kerl. Sonntag und Montag hab ich sicher *ganz* Zeit. Dienstag *vielleicht* bis 8^h Abend. Sonnabend von 1/2 7^h abends ab. Komm nur, so bald's klappt, aber hetz Dich nicht! Ilse bleibt in Dresden. Ihr Vater kommt.

Wäsche? Paar weiße Kragen, wäre nett. Oberhemden, wenn welche fertig sind, sonst nicht. Schuhe hab ich immer noch nicht gekauft. Machen wir am Dienstag, ja? Schleppe Dich bloß nicht zu sehr. Das macht keinen Spaß! Schone Dich fein!

Und schreib, wann Du genau kommst! Am Sonnabend abend würde ich Dich holen. Auch am Sonntag 1/2 10^h. Sonst – kämst Du ganz früh, was ich aber nicht täte – müßtest Du mich schon aus dem Bett holen – also, schreib mir noch, Gutes! Jetzt tausend Grüßchen nur! Und auf bald bei

Deinem Söhnchen

Müritz 1926. Hinten links neben Erich Kästner seine Mutter,
ganz rechts Lina Augustin, davor ihr Enkel Franzl

[Leipzig] 12. Juli 26
Mein liebes gutes tüchtiges Muttchen!

Ilse ist noch gestern abend wieder fort – weil vermutlich heute ihr
Vater mit einer Cousine eintraf in Dresden – und ich ging, als sie 8.50
abdampfte, nach Felsche, um Dir ein Briefchen zu schreiben. Aber da
traf ich dummerweise auf Frau Schramm und mußte mich hinsetzen.
Nichts zu machen.

Na, Gutes, war Ilse heute bei Dir? Sie hat den Bademantel mitgenommen, weil er schmutzig war. Und die Woche komm ich ja doch
nicht ins Luftbad, beim Tagesdienst.

Also fein: Kästners fahren nach Müritz! Das ist so schön: Rostock wiedersehen und Gral und das alles. – Ich freu mich sehr, sehr
drauf. Auf zu Lebermanns! Mit Franzl ins Familienbad! Muttchen in
den Wellen schwimmend. Oha! Das Wetter ist auch ausgezeichnet.
(…)

Du könntest doch ab 1. August noch eine Zeit mit Tante und Franzl in Müritz bleiben. – Aber das regeln wir dann erst, wenn wir sehen, ob's uns in M. gefällt. Was, mein gutes Muttchen? – Husch, jetzt muß ich erst die Zeitung umbrechen! Winkewinke! –

So. Umbruch erledigt. Jetzt schreib ich Dir noch ein bißchen. Dann kauf ich mir bißchen was zum Abendbrot und fahr nach Hause. Heut hab ich Vorschuß nehmen müssen. Es ging nicht länger. Will mir paar Schuhe kaufen dieser Tage. Und einen Schlips. Sonst brauch ich nichts. Was nehm ich mit? Bringe ich beide Koffer mit? Und die Handtasche? Oder kann ich einen Koffer hierlassen? – Was pack ich ein? Kragen, Schlipse, die braunen Halbschuhe, Hausschuhe, paar Bücher, den guten Anzug von Petersen, und den schwarzen Anzug mit den gestreiften Hosen (d. h. einen davon zieh ich an), die graue Hose vom Sommeranzug (kann ich gut zum guten Jackett tragen), Mantel und Hut. Weiter nichts. Ja? Den kurzhosigen Anzug hab ich, für alle Fälle, in Dresden. Oberhemden auch. Schreib mir noch, Schätzchen, damit ich nichts vermassle!

Und dann – auf in die Ostsee!

Karl der Faule

Da er zu Besuch war, durfte er wie früher als paketttragende Begleiterscheinung der Mama wirksam werden. Sicher trug die zunehmende Last der Einkäufe dazu bei, dass seine sorglich verborgene Zerknirschung nun doch zu bemerken war. – Mit mütterlich unheimlichem Scharfsinn stellte sie die einzige Frage, vor der er mit Recht zittern

konnte: Sie erkundigte sich, wie lange er eigentlich früh im Bett zu liegen pflege. Oh, das sei ganz verschieden, entgegnete er. Seiner wach-
senden Befangenheit nicht achtend, wiederholte sie die Frage. – Nun,
einmal sei er, beispielsweise, um neun aufgestanden. (Das entsprach
übrigens der Wahrheit.) – Und sonst? – Na, mitunter um zehn. – Und
sonst? – Mama fragte noch etliche Male. Und das Ergebnis war be-
schämend.

Plötzlich standen sie in einem Uhrenladen. Die Nervosität un-
zähliger Pendel ließ Karl erschrecken. Sooft er die Wände ansah,
schienen sie sich sturmgetrieben hin und her zu bewegen. Angstvoll
schloss er die Augen. Da hörte er die Stimme der Mama: »Sagen Sie,
Fräulein, führen Sie Weckuhren für Schwerhörige?«

Karl öffnete die Augen rechtzeitig genug, um dem mitleidigen
Blick einer über den Ladentisch geneigten jungen Dame zu begegnen.
Sie nickte der Mama seriös zu, drehte sich um und ging in Kniebeuge.
Dann stellte sie eine blechern anmutende Weckuhr auf den Tisch
und begann: »Diese Uhr, gnädige Frau, ist amerikanisches Fabrikat,
und kann ich Ihnen diese dringend empfehlen. Selbst Taubstum-
menanstalten lieferten uns glänzende Gutachten. Auch leisten wir
Garantie für ein Jahr. Diese Uhr besitzt die Eigenschaft, im Laufe
einer halben Stunde zwanzigmal zu wecken; jedes Mal eine Minute
lang; zwischen den Weckzeiten liegen Pausen von je einer halben
Minute …« Karl fand, sie spräche wie ein Führer durch Residenz-
schlösser. Daraufhin dachte er an seine Briefmarkensammlung, so
dass es ihn überraschte, als das Mädchen ein Paket an seinen letzten
freien Finger hing, die Tür öffnete und von baldigem Wiedersehen
sprach. »Ich schenke sie dir«, meinte die Mama auf der Straße. Karl,
der das Paket zu verlieren trachtete, fragte: »Wem?«, und dachte dabei

an das Fräulein mit der Kniebeuge und dem mitleidigen Blick. Es gelang ihm nicht, die Weckuhr zu verlieren …

Als er am nächsten Tag in der Universitätsstadt ankam, war es leider noch zu früh zum Mittagessen. Ohne tiefere Absicht begab er sich in die Universität, betrat irgendeinen Hörsaal, hing Hut und Mantel an ein Fensterkreuz und stellte die kleine Reisetasche und den Karton mit den Pfannkuchen neben die Tür. Sich selber setzte er in beträchtlicher Entfernung vom Katheder nieder und mühte sich, seinen Nachbar, der zufällig eine Dame war, kennenzulernen.

Der Professor, der nicht viel später kam, verbreitete sich über den Begriff des Eigentums in der Jüngeren Steinzeit. Hieraus ersah Karl, dass er versehentlich in ein juristisches Kolleg geraten war. Er begann also, seinem weiblichen Nachbar dies und jenes zu erzählen, ohne mehr als ein Stirnrunzeln zu erreichen. Er zog sich – soweit er in ihrer Nähe gewesen war – verletzt zurück und versah etliche Bogen weißen Papiers mit Namenszügen. Dies mochte ihn länger, als er geglaubt hatte, beschäftigt haben; denn plötzlich klingelte es. Karl legte seine Papiere und Bücher zusammen und schob ein Bein ungeduldig auf der Bank. Der Professor ignorierte das Klingeln, blieb weiterhin in der Jüngeren Steinzeit und fand auch für das zweite Glockenzeichen nichts als ein unmutiges Kopfschütteln. Beim dritten Läuten hielt er inne, zog seine Uhr und fragte, ob sich wohl jemand nach dem Sinn des verfrühten Klingelns erkundigen wolle. Karl erhob sich und verließ aufatmend den Saal.

Er befand sich schon auf dem Weg ins Restaurant, als ihm sein Gepäck, sein Hut und Mantel einfiel, die er im Hörsaal zurückgelassen hatte. Missmutig eilte er wieder in die Universität und kam gerade zurecht, die Reisetasche, die der Professor auf dem Katheder neugierig durchwühlte, als sein Eigentum zu beanspruchen. Unter dem Gelächter der Studenten forderte der Dozent den überraschten Karl auf, ihm sogleich zum Rektor zu folgen. Der Professor trug die Weckuhr; Karl den Mantel, den Hut, die Reisetasche und den Karton mit den Pfannkuchen.

Der Wecker hatte erst fünfzehnmal geklingelt. Obwohl er also in Gegenwart Seiner Magnifizenz noch fünfmal laut wurde, entkam Karl mit einem eindringlich geführten Verweis. Dem Professor schien das kaum zu genügen. Als er mit Karl wieder allein war, bemerkte er (während er den Wecker zurückgab): »Ihr Verhalten, Herr Kommilitone, lässt auf Ihre Fähigkeiten solche Rückschlüsse zu, dass ich Sie zu größtem Fleiß dringend ermahnen möchte. Ich beabsichtige ernstlich, mich Ihrer noch nach Jahren zu erinnern. Wenn Sie also einmal bei mir geprüft werden sollten …« Karl gestand, dass er nicht Jurist sei. Der Professor entfernte sich geräuschlos.

Nachts – gegen zwölf Uhr – erwachte Karl. Er befand sich auf der Chaiselongue seines Zimmers. Die Wirtin, eine zur Fülle und zum Jähzorn neigende Witwe, hielt ihn an beiden Schultern und warf ihn heftig hin und her, als gelte es Wiederbelebungsversuche. Karl war außer sich. Was wollte diese üppige, hinter dem Nachthemd nur kärglich verborgene Frau von ihm?

Doch das war offenbar ein Missverständnis.

Durch die offenstehende Tür blickten mehrere Hausbewohner (Abgeordnete aller Stockwerke). Und da klingelte der Wecker zum zwanzigsten Male. Karl hatte ihn auf Mitternacht eingestellt, weil er das um die Ecke gelegene Café aufzusuchen die Absicht hatte, um sich mit einem freundlichen, ihm zum Teil noch unbekannten Mädchen zu treffen.

Der Wecker – das bewiesen die neugierigen Hausgenossen und die Wirtin – schien prompt gearbeitet zu haben. Nur Karl hatte neunzehn Klingelzeichen überhört, und selbst das zwanzigste wäre ihm ohne die rege Teilnahme der Wirtin gewiss entgangen. Die späten Besucher gaben vor, empört zu sein, drangen ins Zimmer und verlangten einstimmig die Auslieferung der Uhr. Zum Zwecke der Lynchjustiz. Karl plädierte glänzend. Er wies darauf hin, dass es sich um ein liebes Geschenk seiner Mutter handle; er bat, man möge ihn nicht des letzten Ankers berauben. Es half nichts.

Er resignierte und lieferte das amerikanische Fabrikat aus. Man stieß ihn roh auf den Treppengang und zwang ihn zuzusehen, wie sein letzter Anker durch das Fenster flog und unten im gepflasterten Hofe mit vorwurfsvoller Stimme zerklirrte. Es klang, als schimpfe die Mama durchs Telefon. Atemholend stiegen die Übrigen in ihre Betten zurück. Karl schritt einsam in die kühle Nacht hinaus. Ins Café um die Ecke.

Am nächsten Morgen erwachte Karl zu Mittag. Bis zur Vesper machte er sich erfolglos Vorwürfe. Dann schrieb er seiner Mutter einen Brief, in dem er ihr die Erlebnisse der vergangenen Nacht schonend, und nur soweit sie mit dem Weckapparat zusammenhingen, unterbreitete. In einer dunkel stilisierten Nachschrift teilte er ihr mit, dass er entschlossen sei, zu heiraten. Einen anderen Ausweg wisse er nicht mehr.

Den Tag darauf las man in den *Neuesten Nachrichten* unter anderem folgende Annonce:

Welch edeldenkende Dame, Alter, Figur, Charakter, Größe, Konfession, Vermögen und dgl. Nebensache, würde sich bereit finden, jungen Akademiker zwecks späterer Ehe kennenzulernen? Leiser Schlaf einzige Voraussetzung. Probezeit von einem Monat einzige Vorbedingung. Offerten unter »Morgenstunde« 70311 Hauptgeschäftsstelle des Blattes.

Der Erfolg des Inserats war einzigartig. Leider hatten die meisten Damen – allzu edeldenkend – ihre Fotografie mitgeschickt. Andere wagten an ihrer morgendlichen Munterkeit zu zweifeln oder machten sie doch verschämt von der nächtlichen Munterkeit des Inserenten abhängig. Wieder andere lehnten den Probemonat entrüstet von sich ab.

Karl verlor den Kopf und fragte seine Wirtin, ob sie gesonnen sei, jeden Morgen in sein Schlafzimmer einzudringen und ihn mit allen Mitteln weiblicher List zu wecken. Sonst müsse er kündigen.

Die neue Wirtin war nicht ohne Vorzüge. Doch zunächst versuchte Karl ein anderes Mittel. Jeden Abend gab er auf dem Postamt eine Depesche an sich mit auf, mit dem ausdrücklichen Vermerk, sie nicht vor neun Uhr des Morgens auszutragen. Dieser Versuch bewährte sich. Jeden Morgen kurz nach neun klopfte die Wirtin an Karls Schlafzimmertür, und jeden Morgen sah sie sich genötigt, das Telegramm an sein Bett zu bringen, da er nicht hörte.

Sie besaß neben vielen anderen Vorzügen auch den der Sparsamkeit. Nur so ist es verständlich und verzeihlich, dass sie Karl vorschlug, das Depeschenschicken einzustellen …

Genügt zum vollen Verständnis der künftigen Sachlage die lapidare Bemerkung, dass Karl es nie wieder verschlief?

Es ist doch das einzig wirklich Hübsche, was uns geblieben ist:
öfter ein bißchen zusammenzusein

An Ida Kästner, Leipzig, 6. November 1926

[Leipzig] 27. 10. 26

Mein liebes, gutes, fleißiges Muttchen!

Willst Du mir glauben, daß ich noch keine Zeit gehabt habe, die Hüblerschen mal wegen der Lampe, Kerzenstärke, Volt usw. zu fragen? Heut abend werd ich's gleich mal machen und vor allem mir die Birne und den Zähler mal selber beschnarchen. Du hast wirklich große Sachen mit Deinem Jungen vor. Wird der reinste Prachtsalon werden! Strahlendes Licht, Spiegelsaal, chinesische Vasen zwei Meter hoch! Der kleine Fürst Erich ist schon furchtbar stolz und dicketuerisch. Aber, wie gesagt, mein Muttchen: die Lampenangelegenheit müssen wir erst gründlich besprechen, wenn Du hier bist. Denn Du wolltest und sollst Dir doch für den Winter etwas schneidern lassen! Ich kann mir eine stärkere Birne in die Lampe, die ich jetzt hab, eindrehen – und schon wird's heller sein. Was? (...)

Nun, mein Gutes, zu Deinem Kommen. Also, wann Ilse kommt, weiß man nicht. Aber das täte auch gar nichts, wenn sie auch etwa Sonnabend in 8 Tagen kommen wollte. Wenn Du weiter kein Bedenken hast, dann holla! Montag in Leipzig! Oder glaubst Du wirklich: ich hab für uns zwei Hübsche keine Zeit? Das wäre ja gelacht! (...)

Also! bleibt noch das Geldsparen. Aber siehst Du, mein Muttchen! Weihnachtsgeschenke sind was Schönes. Aber ich glaube, Muttchenbesuch ist noch schöner. Wenn ich an einem der Nachmittage (...) arbeiten müßte, wär's ja nicht gar so arg. Gelt? (...)

Hoppla, jetzt rutsch ich nach Haus. Hab mir Jagdwurst und

¼ Pfund Schinken gekauft. Wird ein hochvornehmes Abendbrot werden. Erst bring ich aber Deinen Brief in den Kasten.

Nun winkewinke, mein Muttchen! Schreibst mir ein schönes Sonntagsbriefchen. Oder noch eher? Viel tausend Grüßchen, Küßchen und andre Gemüschen

Dein Junge

Leipzig, 24. XI. 26

Mein liebes gutes halbkrankes Muttchen!

Eben bin ich nach Haus gekommen, von Konferenz und Mittagessen, da find ich eine große Kiste vor. Denke zuerst, Wein? Hab doch keinen bestellt! – Waren aber Äpfel aus Kesselsdorf. Mit Beil und Brecheisen hab ich den Deckel abgedeckt – na, einfach herrlich! Gelbe Richards, Reinetten und noch herrlichere Dinger, die ich dem Namen nach nicht kenne. Groß wie Boxerfäuste. Hab sofort im Schlafzimmer, auf der Marmorplatte, eine Obstausstellung inszeniert, die sich sehen lassen kann. Das wird herrlich, nachts im Bettchen sein, wenn's nach guten Äpfeln riecht! Heut zum Nachtdienst werden die ersten zur Probe gegessen. – Hab vielen vielen Dank, mein Gutes. Ein herrliches Geschenk!

(…) In der Weihnachtswoche hab ich Tagesdienst und werde, hoffe ich, am Heiligabend nach Dresden können, bis 3. Feiertag früh. Das wird sehr schön werden, mein Muttchen! Ja? Sonntagnachtdienst habe ich erst wieder, voraussichtlich, am Sonntag nach Neujahr. Neujahr ist glaub ich Sonnabends. Ob ich da auch kommen kann, weiß ich noch nicht.

Wenn irgend möglich, komm ich am ersten Dezembersonntag schon mal zu Dir, mein Gutes. (…)

Arbeite nur nicht so tüchtig, daß Du nicht allzu kaputt bist, mein Mamachen, wenn Glückallein auf Besuch kommt. (...)

Einen Stollen nähme ich gern mit nach hier. Nicht mehr. Aber den einen würde ich auch mit großer Freude auffuttern. Mit Rosinchen. Mit viel Rosinchen sogar. –

Nun tausend Grüße und Küsse, mein Liebes,

von Deinem Jungen

[Leipzig] 9. XII. 26

Vielen Dank für Dein Briefchen, das Du nach der Wäsche schriebst. Hast Stollen gebacken, gewaschen, geplättet und mußt noch [Wäsche] rollen! Oh, Du armes Fleißiges! Petersen hab ich geschrieben. Willst Du in Neustadt zusteigen, daß wir sofort nach Altstadt gondeln? Oder treffen wir uns erst in Altstadt? Solltest Du nicht mehr schreiben – ich schau raus. Ilse hab ich geschrieben, ob sie sich mal mit mir treffen will. (...) Und Du warst noch einmal beim Christkindel! O weh, das leichtsinnige Muttchen! Du! Du!

Und nun will ich mal schnell sehr fleißig sein, hopp, hopp! Also Sonnabend 4 Uhr und – auf frohes Wiedersehen in Dresden. Tausend Küsschen

Dein Glückallein

Leipzig, 30. 12. 1926

Mein liebes gutes Muttchen!

Mein Überschuhbesitzer und Abendkleidträger! Mein Stollenbäcker, Anzugsschenker, Pyjamaeinkäufer usw.! Sylvester ist ja eigentlich erst morgen. Ich fange also mit meinem Neujahrsbriefchen – denn das hier soll es werden – einen halben Tag zu früh an. Aber morgen wird solch eine Hetzerei entstehen, ehe ich 5⁵⁷ nachmittags im Zug nach Berlin stecke, daß ich befürchte, nicht recht Zeit dafür zu finden. Drum zieh ich also jetzt Dein Kärtchen heraus, das heute morgen ankam, studier es noch einmal und schreib dann meine Glückwünsche für Dich und mich nieder. Oder soll ich uns *erst* zum Neujahr gratulieren? Ich denke: ja. Und wünsche meinem guten, lieben, fleißigen, für sich sparsamen und für mich verschwenderischen, einzigartigen Muttchen alles, alles, alles Gute: Gesundheit sehr viel, Geld auch ein bißchen, gute Laune in Haufen. Und da mein Muttchen stets an mich denkt und für mich lebt, muß ich, falls ich ihr richtig Glück wünschen will, nicht zuletzt mir selber welches wünschen. Denn mein Muttchen, weißt Du, kennt kein Glück außer meinem. Und so wünsch ich mir also selber viel Glück, damit mein Muttchen glücklich sei. Ich wünsch mir im nächsten Jahr: Gesundheit, Erfolg, Geld und, falls das Schicksal es so einrichten will, ein liebes Mädchen, das mich nicht so enttäuscht wie ein gewisses andres, das mir zu Weihnachten keine Karte schickte und nicht einmal auf mein Buchgeschenk und den Brief darin antwortete. Vielleicht fährt sie irgendwo im Gebirge Ski, und die Mutter denkt: mein Paket mag nur liegen bleiben. Von Berlin aus kriegt sie eine Neujahrskarte, auf der ich schreib: ich hätte ihr ein Buch und einen Brief darin geschickt. Aber die Sachen seien wahrscheinlich verloren gegangen. Sonst hätte sie mir ja wohl geantwortet. So, dann soll sie sich schämen. – Schwupp, bin ich von meinem Neujahrswunsch ganz abgekommen. Nun, er war ja gleich fertig. Vor allem wünschen wir beide uns: daß wir einander gesund und froh erhalten bleiben, trotz aller Genickschläge, die das Geschick dem Menschen versetzt. Amen, es soll also geschehen. (...)

Wie geht's denn mit EK? Sag ihm nur: ich schickte ihm durch Dich

Neujahrswünsche zum Ausrichten. Das ist besser, als wenn ich ihm extra eine Karte schicke. (…) Heut kam auch der blaue Anzug an. Ich hab ihn noch nicht probiert, denke aber, jetzt wird er völlig passen. Na, das wird ein Aufsehen machen, wenn ich drin auftauche! Alle werden neidisch sein. Sicher! (…)

Am Montag mußte ich gleich wieder was über Schmutz und Schund schreiben und gestern, in aller Hast und weil sich's niemand weiter zutraute (auch Natonek nicht), über Rilkes Tod. Ich glaube, wieder recht gut. Die andern meinten's auch. (…) – Liebes Muttchen, mach Dir Rotweinpunsch von dem Wein, den ich mitbrachte. Ich werde in Berlin drüben Schlag 12^h ein Glas auf unser Wohl trinken! Tausend Küsse

Dein Glückallein

[Dresden] am 2. Jan. 27

Mein Glückallein, mein guter Junge, am Neujahrstag kam ich mir so'n bißchen recht allein vor. Denn kein Briefchen vom Jungen. Am ganzen Tag hab ich daheim gesessen u gewartet. So viele mal wurde ausgetragen u es kam nichts von ihm, nur von allen andern. Da bin ich den abend rein gegangen. Sie waren im Theater. (…) Da bin ich zur Kirche und gleich heim. (…) – Ein großes Pech hatte ich gleich früh am Neujahrstag. Als ich in die Schnitte beiße ging's Gebiß kaput. Es war absolut nicht gerechnet. Na (…) nochmal flicken hat keinen Sinn. So lasse ich mir wenn Du diesen Brief erhältst die übrigen ziehen da sie auch locker sind u mir ein schönes Gebiß machen damit ich nicht so einfalle u der Junge will doch noch ein möglichst ansehnliches Muttchen haben. Gelt? So, das war also der 1te Jänner.

Heut morgen ich wollte nicht aus dem Bett kamen Deine guten

Wünsche. Ja so ists, genau so. Dir selbst viel Glück mit wünschend u Gesundheit, sonst hab ich auch keines und bin nicht gesund, wenn Dir was fehlen sollte. »Mein Haus sei Dein Haus«. Und »Deine Seele meine Seele.« So solls sein zwischen Mutter u Kind. Mädchen u Frauen können den Mann verlassen. Die Mutter die wirkliche Mutter niemals. Wir wollen hoffen, daß wir bei guter Gesundheit noch lange beieinander sind. Viele frohe Stunden zusammen verleben. Es braucht nicht immer zu kosten, daheim in aller Gemütlichkeit kanns sein. Das Christbäumchen weint, es ist nicht wieder angebrannt worden. Möchte es nochmals tun damit's wieder fröhlich wird. Wann kamst Du von Berlin? Bist Du allein gefahren? Ich würde es nicht gerne sehen wenn Du mit K. gefahren wärst. Da es doch keine Frau für Dich ist, solltest Du sie zu sowas nicht annimieren. Denn sie sagt sich, warum fährt Ilse nicht mit. Und hofft dann stärker u wird doch nichts draus. (…) ich hoffe Du fängst zu sparen an. Das wenigste ist im Mon. 100- Und Du kannst es auch. Bloß Energie u die Taschen etwas mehr zugeknöpfter halten, damit das Geld nicht so hinausfliegt. Denn wenn Du Dir einen Hausstand gründen willst daß Du da nicht so ohne alles dastehst. In etl. Jahren sinds etliche Tausend. Wenn nicht mal eine große Heufuhre Geld hereinkommt, ists doch was u beruhigt ungemein. Und Du brauchst Dir nicht zu sagen, ach ich könnte auch paar Tausender haben, habs aber nicht verstanden. – Drum muß Muttchen aufpassen, damit was zusammenkommt. (…) Den Penigern hab ich auch geantwortet da sie immer wieder gratulierten gehörte sichs. Er schreibt, ja wenn du nicht mal Deine Nichten er meint meine N. besuchtest würde er ja verstehen daß Du seinen Leipziger Kousin nicht beachten würdest – Du hast aber keinen Leipziger Kousin, folglich hast Du keinen zu beachten. Der Hammel ich könnte es ihm gleich schreiben. Er würde sich wenn er auch nicht so fachgelehrt wie Du seiest trotzdem freuen wenn ich ihm mal besuchte. (…)

Ilse schrieb mir am 1. J. Sie hätte mich zwischen Weihnachten u Neuj. aufsuchen wollen, wär aber nicht geworden und wolle es bald nachholen. Ich hab sofort die Wünsche zurückgegeben u geschrieben, ich würde mich freuen usw. (…) Auch an Sylvester war ich daheim. Rotweinpunsch gemacht welcher blendend schmeckte. Gestern Gläschen zur Gans, heute auch. (…) Jetzt heißts Zahn putzen o weh. Und Muttchen sieht aus wie Tante Emma u Lina, die haben wenigstens unten noch welche. Ach ich mag mich gar nicht angucken. Und morgen au, au, au ziehen. Heut tue ich das halbe Stück da ich ja rein muß Franzels Geburtstag. Kostet auch. – Ich esse aber nichts,

Ida und Erich Kästner, um 1926

denn da muß ichs rausnehmen u tue es nicht drin. (...) Nun mein Junge grüße und küsse ich Dich vielmals.

Leipzig, 3. Januar 27
Mein liebes gutes Muttchen!

Seit gestern nachmittag bin ich wieder in Leipzig, hab dann Sonntagnachtdienst gemacht und bekam heute früh Deinen lieben Brief, in dem Du schreibst, daß Du mein Neujahrsbriefchen erst am 2. Januar erhieltest. Das ist unerhört von der Post! Ich hab ihn am Tag vor Sylvester geschrieben und Sylvester nachmittags Punkt 3^h – ich weiß es ganz genau – bei Felsche in den Kasten geworfen. 1/2 4 war die nächste Leerung. Der Brief hätte also mit der ersten Neujahrspost bei Dir sein müssen! Eine ganz unerhörte Schlamperei! Und Du hast wohl gar gedacht, ich hab vergessen zu schreiben? Bist immer nach dem Briefkasten nachschaun gegangen und wurdest immer trauriger und dachtest: Nein, so ein schlimmer Junge! So ein Glückallein!

Und ich hab es doch ganz richtig und rechtzeitig besorgt! Man sollte sich beschweren! Waren die beiden Zeitungsausschnitte noch im Brief oder auch rausgemaust? In Berlin war es sehr hübsch und sehr lebhaft und sehr teuer, obwohl ich allein drüben war. Sylvester abend gegen 9^h kam ich drüben an. Brachte mein Gepäck ins Excelsior-Hotel: 5. Stock Zimmer 555 mit Bad. Großartig! Ich hab andauernd in der Wanne gesessen und geplanscht. Dann bin ich in die Stadt gebummelt. War im Café Kranzler und schließlich im »Palais de danse«. Fabelhaft! Punkt 12^h hab ich meinem Muttchen ein Glas Wein zugetrunken. Hast Du's gemerkt? Hab bißchen getanzt, Leute beobachtet und mich sehr wohl gefühlt. Berlin ist das einzig Richtige. (...) Es gruselte mich fast, wieder nach Lpz. zu müssen. Aber was will man machen? – Nun, es wird schon mal klappen mit Berlin. Jedenfalls der einzige Boden in Deutschland, wo was los ist! Paar Tage da drüben machen einen herrlich mobil.

Für Dein Neujahrs-Glückwunschbriefchen und für das heutige hab vielen vielen Dank, mein Gutes, Gutes, Gutes! Ich hab im blauen Anzug und im Smoking Staat gemacht in Berlin. Direkt nobel! Aber dafür wird in den nächsten Wochen gespart. Das heißt: Zu irgend so einem Fest muß ich schon mal gehen. Karin will auch mal ein Vergnügen haben. – (…) Franzl hab ich von B. aus eine Geburtstagskarte geschrieben. Wie war's drin? – In die Bücher hab ich Sündenböckchen nichts geschrieben, tu es aber ganz bestimmt noch. Nicht böse sein, liebes Muttchen! – Das Gebiß kaputt? Oh, oh – laß es nur gleich machen! Zähnchen gezogen? Ach Du armes Schmerzenskindel! – (…)

Nun, mein Muttchen. Es ist 1/4 6^h. Ich muß in den Verlag. Mit Kiemeyer über ein Fest sprechen, das der Verlag für die Turn- und Sportvereine inszeniert. Bei solchen Dingen bin ich immer dran. Na, macht nichts.

Mein Muttchen – mein gutes, liebes, fleißiges, mit der neuen feinen Zahngarnitur – bleib recht gesund und schreib bald wieder mal Deinem Jungen. Tausend Grüße und Küsse

Dein Glückallein

Der Stollen ist unerhört gut! Du Zuckerbäckerkönigin!

Frau Stramm schreibt an das Wohnungsamt:

An das Hochwohlgeborne Wohnungs Amt.

Gestatten Sie eine bescheitene Frage.
Ich bin Frau Stramm geborene Schmieder
Und Witwe. Sowie in verzwickter Lage
Durch Arno Stein, meinen langen Mieter.

Erst schienen mir damals 4 Zimmer zu groß
Für alleine wohnen und Angst vor Dieben.
Doch nachher wurd ich ihn nichtmehr los
Und ist er bis heute drin geblieben.

Nun lastet Herr Stein wie ein Stein auf mir
Den Kaffee lass ich ihn selber kochen.
Er trinkt deswegen schon morgens Bier
Und hat mir das Waschgeschirr zerbrochen.

Um mich zu ärgern sagt er bereits
Er anongsiere um sich zu beweiben.
Beweiben sagt er! Na meinerseits!!
Und will dann mit ihr hier wohnen bleiben!!

Dem Gashahn hab ich ihm abgedreht
Verbot ihm den Zudritt in meine Zimmer.
Er wohnt jetzt in den wo hofwärts geht
Wenn ich ihn ärger lacht Stein immer.

Ich hab gedacht, Vieleicht geht's so
Und sagte ich tät ihm nächstens steigern.
Da hat er gelacht und gesagt »Hallo!
Ich kann dir niemals was verweigern.«

Mich strängt das Alles furchtbar an
bis ich noch krank werd und mich lege!
Und nehm ich mal 'nen neuen Mann
Ist mir Herr Stein erst recht im Wege.

Nun frag ich die Behörden bloß.
Wie werd ich ohne viel Tammtamm
den Stein aus meiner Wohnung los?
Hochachtungsvollst Frau Paula Stramm.

*

Das Wohnungsamt an Frau Stramm.

An Frau P. Stramm, geb. Schmieder.
Wir raten Ihnen allesamt:
Gehen Sie mit Stein aufs Standesamt!
'nen größern Esel finden Sie nie wieder.

Wie kannst Du nur glauben, daß Berlin mich Dir entführt?

An Ida Kästner, Leipzig, 25. Juni 1927

Leipzig, 22. Juni 1927

Heute hab ich also das Datum nicht vergessen.

Mein liebes gutes Muttchen!

Also, Gutes, wann kommst Du? 26. oder 10.? Wenn es Dir ganz gleich wäre, würde ich Dich bitten, erst am 10. Juli zu kommen. Erstens will ich das Stück fertig kriegen, und nächste Woche kann ich sehr gut auf der Maschine schreiben, da ich Nachtdienst habe und *tagsüber* zu Haus bin. *Nachts* auf der Maschine klappern geht schlecht wegen der Nachbarn. – Dann könntest Du es *lesen, während Du hier bist.* Balthasar fragt mich, sooft er mich sieht, wann's fertig wird. Wegen des Geraer Theaters. Und Michael wegen des hiesigen Alten Theaters. Sie wollen es schnell an den Mann bringen. Vielleicht auch nicht. Jedenfalls reden sie viel davon. Und ich will's auch bald fertig haben. Wie klingt der Titel: *»Klaus im Schrank«?* Zweitens: wenn Du mich schon nächste Woche ganz ausräumst, sitz ich ja dann ganz ohne alles da. Denn Du sollst mir doch auch die Sachen, die ich nach Berlin transportieren will, schon fein einpacken helfen. Drittens hab ich auch noch für die Internationale Buchausstellung hier etwas zu tun. Eine Broschüre herauszugeben. (…) Viertens hab ich Marguth gefragt, ob ich 11. und 12. freibekäme. Du wärst voraussichtlich da, und wir müßten packen. Er hat es erlaubt. Also, gutes Muttchen, der 10. Juli wäre günstiger als der kommende Sonntag. (…)

Sieh mal zu! Wie Du Dich entscheidest, so ist's dem Jungen recht. Ich würde auch in der kommenden Woche Zeit schaffen und eventuell bißchen arbeiten müssen, während Du die Koffer schwer machst. Schreib nur bald, wie Dir's recht ist. (…)

Wie machen wir's mit den Koffern? Ich brauch die paar für Berlin zum Transportieren. Du brauchst aber auch paar zum Mitnehmen der Sachen, die nach Dresden sollen. So viele Koffer gibt's ja gar nicht. Na, mein Muttchen, das ist was zum Kopfzerbrechen. – Karin schickt mir noch eine zweite Kiste. Da stopfen wir die Normalwäsche und dergleichen mit hinein. Dann paar Kartons per Post. Gelt?

Warum bist Du denn traurig, mein gutes Muttchen? In Berlin hab ich doch mehr Zeit als hier. Kann öfter nach Dresden kommen. Und Du hinüber. Denn wenn die Wirtin wirklich albern wäre, zöge ich wieder aus. Da kannst Du Dich drauf verlassen. (…)

Warum verborgst Du denn jetzt immer die Theaterkarten? Du gehst wohl selbst nicht drauf, weil Du sparen willst?

Tu das nicht, mein Liebes! Geh ins Theater! Geh in den Großen Garten, setz Dich zu Pollender ins Sönnchen und schreib dort mit Bleistift einen schönen Brief an

Deinen Jungen

Leipzig, 2. Juli 1927
Liebes gutes Muttchen!

Ist die Wäsche pünktlich und ganz angekommen? Ich habe etwa 3 Pfund Strick dabei verschnürt. Wenn das nichts genützt hat, kann ich auch nicht helfen.

Gestern nacht hab ich das 6. Bild vom Stück fertig gekriegt, und heute abend hoff ich das letzte Bild zu erledigen. Da kann ich dann nächste Woche schön in die Maschine schreiben. Die Arbeit für die Buchausstellung hab ich auch schon tüchtig vorwärtsgebracht. Es ist eine eklige Sache. Aber 120 M von den 200 hab ich mir hoffentlich schon abverdient. (…)

Nächste Woche kauf ich mir Paar schwarze Halbschuhe. Und bringst Du mir paar Strümpfe und Taschentücher mit? Das andere reicht alles noch.

Nun wird es aber tüchtig Zeit, daß Muttchen und Junge mal wieder beisammen sind. Was? Wenn ich nicht so schrecklich viel zu tun hätte, wär ich schon längst mal nach Dresden gekommen. Das weißt Du ja auch.

Michael meinte gestern: die Theater hätten für dies Jahr sicher schon alle ihr Weihnachtsstück. Pfui, das wäre aber häßlich! Na, also, ich mach es jetzt im Hundsgalopp fertig. Und dann wird's gleich losgeschickt. Sonst muß es eben ein ganzes Jahr liegen bleiben. Das wäre furchtbar betrüblich. Nicht? Ließe sich aber nicht ändern.

So, mein gutes Muttchen! Arbeite Dich, bitte, nicht so kaputt diese Woche. Wir wollen doch hier frisch und munter sein!

Und jetzt wieder ran an den Speck. Ein kleines Sonntagsbriefchen also! Tausend Grüßchen u. Küßchen

Dein Junge

Leipzig, 14. Juli 27

Also, mit Hut und Schlipsen macht Dein Junge direkt Aufsehen in Leipzig! Seh auch tüchtig nett aus. Hab noch vielen, vielen Dank, Gutes! Bist Du hübsch heimgekommen? Im Zimmer sieht's jetzt bißchen wie Festungshaft aus. Aber die paar Tage geht's noch. Und ich bin ja so froh, daß Du mir eingepackt hast. Ich hätte es nie zustande gebracht. Küßchen!

Jüngst war seine Mutter zu Besuch

Eine Mutter zieht Bilanz

Mein Sohn schreibt mir so gut wie gar nicht mehr.
Das heißt, zu Ostern hat er mir geschrieben.
Er denke gern an mich zurück, schrieb er,
und würde mich, wie stets, von Herzen lieben.

Das letzte Mal, als wir uns beide sahn,
das war genau vor zweidreiviertel Jahren.
Ich stehe manchmal an der Eisenbahn,
wenn Züge nach Berlin – dort wohnt er – fahren.

Und einmal kaufte ich mir ein Billett
und wäre beinah nach Berlin gekommen!
Doch dann begab ich mich zum Schalterbrett.
Dort hat man das Billett zurückgenommen.

Seit einem Jahr, da hat er eine Braut.
Das Bild von ihr will er schon lange schicken.
Ob er mich kommen lässt, wenn man sie traut?
Ich würde ihnen gern ein Kissen sticken.

Man weiß nur nicht, ob ihr so was gefällt …
Ob sie ihn wohl, wie er's verdiente, liebt?
Mir ist manchmal so einzeln auf der Welt.
Ob es auch zärtlichere Söhne gibt?

Wie war das schön, als wir zusammen waren!
Im gleichen Haus … Und in der gleichen Stadt …
Nachts lieg ich wach und hör die Züge fahren.
Ob er noch immer seinen Husten hat?

Ich hab von ihm noch ein Paar Kinderschuhe.
Nun ist er groß und lässt mich so allein.
Ich sitze still und habe keine Ruhe.
Am besten wär's, die Kinder blieben klein.

Junggesellen sind auf Reisen

Ich bin mit meiner Mutter auf der Reise …
Wir fuhren über Frankfurt, Basel, Bern
zum Genfer See, und dann ein Stück im Kreise.
Die Mutter schimpfte manchmal auf die Preise.
Jetzt sind wir in Luzern.

Ida Kästner 1928, im Hintergrund   Erich Kästner 1928 am Lac de Neuchâtel
Montreux Palace

Die Schweiz ist schön. Man muss sich dran gewöhnen.
Man fährt auf Berge. Und man fährt auf Seen.
Und manchmal schmerzt der Leib von all dem Schönen.
Man trifft es oft, dass Mütter mit den Söhnen
auf Reisen gehn.

Das ist ein Glück: mit seiner Mutter fahren!
Weil Mütter doch die besten Frauen sind.
Sie reisten mit uns, als wir Knaben waren,
und reisen nun mit uns, nach vielen Jahren,
als wären sie das Kind.

Sie lassen sich die höchsten Gipfel zeigen.
Die Welt ist wieder wie ein Bilderbuch.
Sie können, wenn ein See ganz blau wird, schweigen
und haben stets, wenn sie in Züge steigen,
Angst um das Umschlagtuch.

Erst ist man sich noch etwas fremd. Wie immer,
seit man fern voneinander leben muss.
Jetzt schläft man, wie dereinst, im selben Zimmer.
Und sagt: Schlaf wohl! Und löscht den Lampenschimmer.
Und gibt sich einen Kuss.

Doch eh man's wieder lernt, ist es zu Ende!
Wir bringen unsre Mütter bis nach Haus.
Frau Haubold sagt, dass sie das reizend fände.
Dann schütteln wir den Müttern kurz die Hände
und fahren wieder in die Welt hinaus.

Du bist und bleibst das Kostbarste, was ich habe!

An Ida Kästner, Berlin, 10. Januar 1929

Berlin, 10. Januar 1929
Mein liebes gutes Muttchen Du!

Hab mächtig vielen Dank für Deinen lieben, lieben Brief, den ich vorhin erhielt! Hoffentlich wirst Du nur bald wieder ganz richtig gesund. Sei ja recht vorsichtig! Wie gerne käme ich rasch mal nach

Dresden, um Dir einen richtigen Umschlag zu machen und für Dein Essen zu sorgen, daß Du Dich beim Schwitzen nicht etwa noch mehr erkältest. Gib recht, recht Obacht, Liebes!

Es ist so schön, daß wir beide einander lieber haben als alle Mütter und Söhne, die wir kennen, gelt? Es gibt dem Leben erst den tiefsten heimlichen Wert und das größte verborgene Gewicht. Auch wenn man vor Arbeit keine Zeit hat, an den andern zu denken – im Unterbewußtsein herrscht immer diese unendliche Sicherheit, daß der andere da ist. Was sind denn andere Beziehungen dagegen? Freundschaftliche Liebe und solche Dinge sind daneben ganz unbedeutend. Wir beide sind uns das Wichtigste, und dann kommen alle andern noch lange nicht. – Also, Liebes, werde mir bald wieder ganz gesund!

Momentan bin ich dabei, noch allerlei Geldsendungen abzuwarten, damit ich in zehn Tagen oder acht losreisen kann. Ich werde vermutlich nach Oberstdorf fahren. Zimmer krieg ich jetzt sicher ohne Vorbestellung. Morgen werde ich Dir alle Wäsche, die hier ist, im Karton schicken. Da hast Du sie gleich da. (…)

Mein Gutes, halte Dich recht vorsichtig! Denn Du bist und bleibst das Kostbarste, was ich habe!

Und nun Millionen Grüßchen und Küßchen

von Deinem Jungen

Grüße an Papa, Tante Lina und Franzl!

Berlin, 20. Juli 29

Heute kam Nachricht von den zwei Strandhotels, an die ich geschrieben habe. Das Haus Hübner, das mir so empfohlen wurde, hat leider keine Balkonzimmer frei. Das kränkt mich sehr, und nun weiß ich nicht, ob ich fest mieten soll. Ob's auch ohne Balkon geht? (…) Wenn

Erich und Ida Kästner, Café Carlton, 1928

schönes Wetter sein sollte, ist man ja aufs Zimmer überhaupt nicht
angewiesen. Wenn es aber regnet, und man will weg, und hat auf
14 Tage gemietet – brrr! Na, es ist vielleicht trotzdem das Beste, im
voraus zu bestellen. Gelt? Freust Du dich schon? (…)

Morgen wollen wir mit Buhres Auto bißchen ins Grüne. Die Hitze
ist ja toll!

Die Anzüge will ich noch bügeln lassen. Sonst ist ja weiter nichts
vorzubereiten. Badeanzug, Zahnbürste, paar Bücher, Papier und Bleistift – basta!

Ist die Wäsche gut angekommen? Jetzt werde ich mich paar Minuten aufs Sofa hauen. Dann geht's weiter im Texte. Ran an die Arbeit.

Berlin, 22. Juli 29

Bei so einer Hitze soll man nun arbeiten. Pfui Spinne! Ich sitze in Hemd und Hose im Carlton und gähne mir die Seele aus dem Leibe. (…)

Also, Waschgeld soll ich nicht schicken? Gut. Willst du gern, daß wir Sonntag in Warnemünde ankommen? Es gehen zwei Züge. (…) Smoking mitzunehmen hab ich keine Lust. Was Du, bevor wir nach Kopenhagen fahren, nicht mehr brauchst, schicken wir nach Hause. Gelt? Was Schönes für abends bringst du schon mit, denk ich auch. Reisemantel für kalte Tage bring nur mit! Welchen Hut Du als Reise-hut aufsetzt, weiß ich nicht. An der See kaufen wir Dir ein Mützchen oder so was. Damit Du den Hut in den Schrank tun kannst. Ich mir auch. Mit E. machen wir's, wie Du schreibst. Großen Staat machen wir in W[arnemünde] nicht. Tausend Grüßchen u. Küßchen

Dein Junge, der sich auf Dich sehr freut

Schreib mir noch genau, wann Du kommst, Gutes.

Und hetz dich ja nicht!

Abfahrt

Durchs Fenster dringt der Lärm von drei Kapellen.
Der halbe Badeort wiegt sich im Takt.
Die Ostsee schlägt, wie es im Buch steht, Wellen.
Die Mutter packt …

Die Koffer stehn herum mit offnem Rachen.
Vor der Veranda dehnt sich die Natur.
So wenig Platz, sagt sie, und so viel Sachen!
Wie kommt das nur?

Der Wellenschlag macht Mutter bloß nervöser.
Sie stochert in den Schränken, dass es knackt.
Wenn Wäsche schmutzig wird, wird sie auch größer.
Die Mutter packt …

Nun braucht man nicht mehr in Pension zu essen.
Nicht kochen können grenzt sehr oft an Mord.
Ich will mir noch ein Wiener Schnitzel pressen.
Dann aber fort!

Die schwarze Kleiderbürste ist verschwunden.
Der Bademantel ist im Sand versackt.
Die Sonne scheint. Der Zug geht in zwei Stunden.
Die Mutter packt …

Der Badeanzug hängt noch auf der Leine.
Wo ist der kleine Schlüssel? Es wird Zeit!
Ab morgen hat man endlich wieder seine
Gemütlichkeit.

Wenn nun der Geldbriefträger doch noch käme?
So kurz vor Abfahrt? Das wär abgeschmackt.
Am Urlaub ist das einzig Angenehme,
dass Mutter packt …

Möblierte Melancholie

Mancher Mann darf, wie er möchte, schlafen.
Und er möchte selbstverständlich gern!
Andre Menschen will der Himmel strafen,
und er macht sie zu möblierten Herrn.

Er verschickt sie zu verkniffnen Damen.
In Logis. Und manchmal in Pension.
Blöde Bilder wollen aus den Rahmen.
Und die Möbel sagen keinen Ton.

Selbst das Handtuch möchte sauber bleiben.
Dreimal husten kostet eine Mark.
Um die alten Schachteln zu beschreiben,
ist kein noch so starkes Wort zu stark.

Das Klavier, die Köpfe und die Stühle
sind aus Überzeugung stets verstaubt.
Und die Nutzanwendung der Gefühle
ist den Aftermietern nicht erlaubt.

Und sie nicken nur noch wie die Puppen;
denn der Mund ist nach und nach vereist.
Untermieter sind Besatzungstruppen
in dem Reiche, das Familie heißt.

Alles, was erlaubt ist, ist verboten.
Wer die Liebe liebt, muss in den Wald
oder macht, noch besser, einen Knoten
in sein Maskulinum. Und zwar bald.

Die möblierten Herrn aus allen Ländern
stehen fremd und stumm in ihrem Zimmer.
Nur die Ehe kann den Zustand ändern.
Doch die Ehe ist ja noch viel schlimmer.

Na, die kleine Wohnung ist ganz reizend

An Ida Kästner, Berlin, 8. September 1929

Berlin, 8. Sept. 29

Liebes, gutes Muttchen!

Na, die kleine Wohnung ist ganz reizend. In einer Seitenstraße vom Kurfürstendamm. Schön ruhig. Alle möglichen Autobusse, Straßenbahnen und Stadtbahnhof Charlottenburg 2 Minuten entfernt. In einem vierstöckigen Gartenhaus. Zu beiden Seiten bißchen was Grünes. Im 4. Stock. Fahrstuhl. Neubau, seit genau einem Jahr bezogen. Die Leute, junges Ehepaar, wollen sich vergrößern. Loben das Haus, die Wohnung etc. sehr. Haben noch 4 Jahre Kontrakt. Den übernehme ich, wenn ich miete. (…)

Die Preisfrage ist weniger reizend. Aber es ist nirgends anders. Und außerdem ist es ja eine Wohnung mit allem Komfort. 2500 M Abstand, brrr! Na, einmal muß in den sauren Apfel gebissen werden. Beschlagnahmefreie Wohnungen werden noch lange Geld kosten. Miete monatlich 170 M. Da ist Heizung, Wasser und Fahrstuhl schon dabei. Nur Licht extra. Das ist also nach Berliner Begriffen gar nicht so teuer. (…)

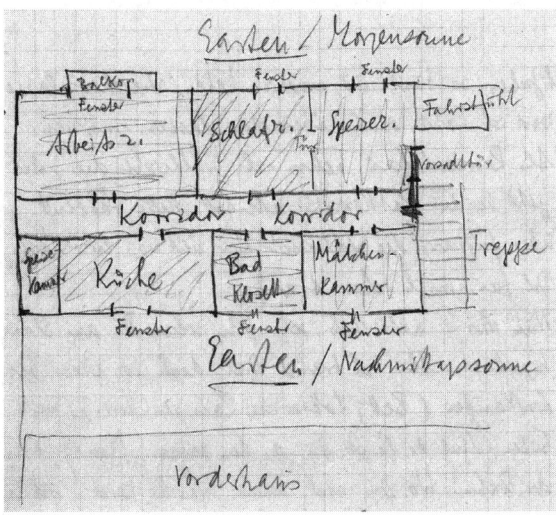

Ich bin fest überzeugt, Dir wird's herrlich gefallen und Du wirst oft herüberkommen. (…) Will Dir mal aufzeichnen, wie die Sache ungefähr im Plan aussieht.

Ist's Dir so ungefähr klar, mein Gutes? Alle Zimmer einfenstrig. Die Räume sind aber nicht so groß, daß es zuwenig wäre. Sehr licht und hell. Ich freu mich schon sehr. Möbel brauchen wir nicht viel. Das besprechen wir aber genauer, wenn Du erst hier bist. Wann denkst Du denn, daß Du wirst kommen können. Gleich nach der Wäsche? Da wirst Du Arme so kaputt sein! Aber es wird schon möglich sein. Denn ohne dich einkaufen usw. möchte ich keineswegs. Schreib bald, Allerbeste! Dumm, daß wir auseinander sind. Aber ich denke, Du wirst es auch wunderbar finden. Gottseidank, endlich raus aus dem düstern Zimmer hier! 1000 Gr u K   Dein Junge

Berlin, 25. Oktober 29
Frau Jacobsohn hat Dich für Sonntag nachmittag herzlich eingeladen, mitzukommen. Das ist ja sehr schön, nicht? Das Kinderbuch steht schon in den Schaufenstern. Ein Breslauer Buchhändler und seine Frau haben ihr einen begeisterten Brief geschrieben. Sie hätten sich beim Lesen drum gerissen. Das ist sehr schön. Hoffentlich reißen sich noch mehr darum. (…)
Schreib oder telegraphiere mir nur rasch, wann Du kommst. Damit ich an der Bahn bin. (…) Das Wetter ist so wunderbar, daß wir bestimmt mal mit dem Zuge bißchen rausfahren und uns ein bißchen Wald und See ansehen. (…)
Millionen Grüßchen und Küßchen   Dein Junge
Ein Fahrscheinchen liegt bei.

Stiller Besuch

Jüngst war seine Mutter zu Besuch.
Doch sie konnte nur zwei Tage bleiben.
Und sie müsse Ansichtskarten schreiben.
Und er las in einem dicken Buch.

Freilich war er nicht sehr aufmerksam.
Er betrachtete die Autobusse
und die goldnen Pavillons am Flusse
und den Dampfer, der vorüberschwamm.

Langsam fiel der Vollmond in ein Haus.
Und weil er wie eine Münze rollte,
schien es fast, als ob Gott sparen wollte.
Gottes Sparsamkeit sieht anders aus …

Seine Mutter hielt den Kopf gesenkt.
Und sie schrieb gerade an den Vater:
»Heute Abend gehn wir ins Theater,
Erich kriegte zwei Billetts geschenkt.«

Und er tat, als ob er fleißig las.
Doch er sah die Nähe und die Ferne,
sah den Himmel und zehntausend Sterne
und die alte Frau, die drunter saß.

Einsam saß sie neben ihrem Sohn.
Leise lächelnd. Ohne es zu wissen.
Stadt und Sterne wirkten wie Kulissen.
Und der Wirtshausstuhl war wie ein Thron.

Ihn ergriff das Bild. Er blickte fort.
Wenn sie *mir* schreibt, musste er noch denken,
wird sie ihren Kopf genau so senken.
Und dann las er. Und verstand kein Wort.

Seine Mutter saß am Tisch und schrieb.
Ernsthaft rückte sie an ihrer Brille.
Und die Feder kratzte in der Stille.
Und er dachte: Gott, hab ich sie lieb!

Ida Kästner schreibt einen Brief, 1929

Ehe ich ans Arbeiten gehe: rasch ein kleines Briefchen
An Ida Kästner, Berlin, 14. November 1929

Berlin, 14. Nov. 29
Liebes, gutes Muttchen!
Ehe ich ans Arbeiten gehe: rasch ein kleines Briefchen an die Allerbeste. Fein, daß das Mantelscheinchen angekommen ist. Ich hätte Dir viel lieber einen echten Nerz geschenkt, statt so ein bißchen Nerzmurmel an Kragen und Manschetten – aber vielleicht hält der Mantel auch so, wie er ist, warm, und sicher wird er recht hübsch aussehen. Nur darfst Du Dir nicht noch Gedanken machen! Das wäre ja noch schöner.

Gestern war die Premiere des Kinderstücks »Hans Urian geht nach Brot«, wozu ich paar Kinderlieder gemacht habe. Die erste Kritik, die ich bis jetzt gelesen habe, lobt meine Mitarbeit sehr. Mir gefielen meine eignen Sachen dabei leider nicht besonders. Ich hörte sie zum 1. Mal mit Musik. Ein andres Mal laß ich mir so was *vor* der Aufführung vorspielen. Mein MM-Gedicht hab ich schon gemacht. Aber &Co hat mir heute früh erzählt, voriges Jahr hätte sie mehr zu tippen gehabt. Neues, meint sie. Voriges Jahr hab ich allerdings auch keine Funkrevue und kein Kinderbuch geschrieben wie dieses Jahr. Und dann gab's nicht so furchtbar viele Abhaltungen. Es ist manchmal zum Verzweifeln. (…)

Es war sehr schön, daß ich wieder mal bei Dir zu Hause war! Es wirkt so beruhigend und wohltuend. Denn das richtige Zuhause ist eben doch bei Dir, und nicht in irgendeiner Roscherstraße, obwohl's da auch ganz nett ist. In 4 Wochen ist die Aufführung der Funkrevue. (…)

So, mein Liebes, jetzt will ich hübsch an die Arbeit gehen. Es gibt mächtig viel zu tun. Und sieh ja zu, daß die Erkältung ganz weggeht! Grüß Tante Erna, Franzl, Emil.

Millionen Grüße u. Küsse

Dein alter Junge

Berlin, 26. April 30

Vielen Dank für Deinen lieben Brief! Ich schreibe Dir rasch noch mal. Bißchen hopp, hopp, aber das ist besser als gar nichts, wie? (…)

Ich freu mich schon jetzt sehr darauf, daß Du am Muttertag kommst. Wenn dann so ein Wetter wie heute ist, nehmen wir uns ein Auto und gondeln in die Baumblüte an die Seen. Gelt?

Berlin, 17. Sept. 30

Vielen Dank für das hübsche Hundchen per Karte. Es steht auf dem Schreibtisch und ist völlig stubenrein. Und vielen Dank für die schöne, saubere Wäsche. Nun ist der Schrank wieder bummvoll. Hoffentlich hast Du Dich dabei nicht überarbeitet. Mir geht's unberufen großartig. Ich arbeite kolossal – vorläufig Gedichte auf Vorrat, damit ich Geld verdiene, während ich das Singspiel schreibe, und es bekommt mir glänzend. (…)

Und am 27. Sept. – ist wohl ein Sonnabend – komm ich nach Dresden zum Muttchen. Ich denke, es wird nichts dazwischenkommen. Ich leg mir schon alles, wenn irgend möglich, so, daß ich trotz des hiesigen Hochbetriebs loskomme. Ich freu mich riesig mal wieder auf Dresden. Und Du Dich sicher auch, was? Hurra!

Bis dahin heißt's noch feste arbeiten. Gleich geht's los. Winke winke und gute, gute Besserung!

Ein Buchhalter schreibt seiner Mutter

Heute erhielt ich die Wäsche, du Gute.
Und unter Brüdern, es wurde Zeit.
Der Postbote kam in letzter Minute.
Was sagst du, mir werden die Kragen zu weit.

Kein Wunder, fortwährend die Sache mit Hilde.
Ich heirate nicht bei diesem Gehalt.
Ich hab's ihr erklärt. Und nun ist sie im Bilde.
Sie wartet nicht länger, sonst wird sie zu alt.

Du schreibst, dass ich deine Briefe nicht läse
und du nur noch Postkarten schicken wirst.
Du schreibst, dass du denkst, dass ich dich vergäße.
Wie du dich irrst …

Wie gern ich dir öfter und gründlicher schriebe
und nicht bloß den ewigen Wochenbericht!
Ich dachte, du wüsstest, dass ich dich liebe.
Im letzten Briefe, da weißt du es nicht.

Da sitz ich nun ständig und rechne und buche
fünfstellige Zahlen und werde kaum satt.
Ob ich mir vielleicht mal was anderes suche?
Am besten, in einer anderen Stadt?

Ich bin doch nicht dumm, doch ich komm nicht vom Flecke.
Ich lebe, aber man merkt es nicht sehr.
Ich lebe auf einer Nebenstrecke.
Das ist nicht nur traurig. Es fällt auch schwer.

Du schreibst, dass am Sonntag die Breslauer kommen.
Wie ist das denn übrigens, hast du dir,
ich bat dich darum, eine Waschfrau genommen?
Und wenn sie kommen, dann grüße von mir.

Und schick zum Geburtstag nicht wieder Geschenke!
Du sparst es dir ab. Denn ich kenne das schon.
Und schreib ich zu wenig, so glaub mir, ich denke
fast immer an dich. Viele Grüße. Dein Sohn.

Willst Du nicht ein paar Tage herüberkommen?

An Ida Kästner, Berlin, 8. September 1929

Annaberg, 8. 1. 31
Liebes gutes Muttchen!
Großartig. Wir haben eine Nachtpartie im Auto bis nach hier gemacht. Ins Erzgebirge. Im schönsten Schnee. Ich habe vieles wiedererkannt, wo wir zu zweit oder mit Dora gewandert sind. Fein. Viele liebe Grüße. Milliardonen Gr u K
Dein oller Junge

Berlin, 9. Jan. 31

Der Chemnitzer Vortrag war sehr besucht. Viele standen. Großer Beifall. Viel schöner war aber noch die Autofahrt nach Annaberg über Niederwiesen, Flöha, Wiesental, Wolkenstein usw. Alles Orte, wo wir früher auch zusammen waren. In Flöha fiel mir ein, daß wir dort mal bei einem Bäcker Einback gekauft haben. Komisch, was man sich so merkt. Nicht?

Berlin, 28. Febr. 31

Vielen Dank für Deinen lieben Brief. Eh ich's vergesse: &Co schickt heute einen Band für Schwester Anni weg. Grüße sie schön von mir.

Und nun zu Deinem Geldkummer über mich. Die Sache ist wirklich nicht schlimm, glaub mir's doch endlich! Ich verdiene doch genug und spare nur etwas weniger, wenn ich im Jahre fast hundert Mark für die armen Luder rausrücke. Wenn ich ein Kind hätte, wie Du eines hast, wäre ich anders. Aber so bin ich denn eben ein klein bißchen wohltätig. Wohltätigkeit ist doch die schönste christliche Tugend! Was hast Du nur dagegen? Ich entbehre doch deswegen nichts. Ich spare außerdem. Also, warum stört Dich das so? Daß es die Betroffenen nicht wert sind, hat doch nichts zu sagen! Wer ist es schon unter Fremden wert? Ich gebe doch nicht, damit man mir wiedergibt. Ich hoffe, es nie nötig zu haben. Also, Muttchen, überleg Dir die Sache noch mal, und sieh nicht so schwarz!

Und warum Du Dich sträuben willst, von mir kleine Scheinchen zu verbrauchen, versteh ich schon gar nicht mehr. Dann macht mir das ganze Geldverdienen keinen Spaß. Daß wir zusammen Reisen machen, daß ich Dir das Dresdner Konto aufbauen will und daß ich Dir Scheinchen schicke, ist mir doch das Allerwichtigste im Leben.

Und nun bist Du plötzlich so komisch. Muttchen, Muttchen, sei nett und schimpf nicht. Heute habe ich 100 M zur DD geschickt. Laß es gelegentlich eintragen, gelt? Und ein Scheinchen lege ich auch wieder bei. Verleb's gesund, mein Allerbestes!

Berlin, 25. Juli 31

Na, wie geht's Dir denn? Endlich scheint die Sonne wieder. Ich sitze viel im »Leon«, um braun zu werden. (…) Aber hauptsächlich: ich mache jeden Tag irgendeine Bank unsicher. Mein Vermögen, das ich jetzt hier im Haus habe, liegt schon zwischen 2 und 3 T. Und wenn sich die Tobissache günstig entscheidet, wird's noch mehr. So kann uns in der nächsten Zeit nicht viel passieren. (…)

Ans Wegfahren denk ich vorläufig gar nicht mehr. Es wäre aber wunderschön, wenn Du bißchen zu mir kommen wolltest. Wir würden's uns schön gemütlich machen. Hast Du Lust? Überleg Dir's in Ruhe, mein Gutes.

Heute war ich eine Stunde am Bahnhof Zoo. Da drehten sie, wie Emil auf die Straßenbahn steigt, in die Grundeis geklettert ist. Es war so langweilig, das Dabeistehen! Ehe allemal so eine Einstellung gedreht ist, kann man einschlafen. Das wäre kein Beruf für mich.

Mach Dir keine Sorgen, weil eine Kundin nicht mehr kommt. Deswegen geht's weiter. Und bißchen zu tun wirst Du immer haben. Sehr viel sollst Du ja gar nicht arbeiten. Das bekommt Dir nicht.

Berlin, 4. August 31

Ab morgen zahlen die Banken voll aus. Und ich werde mir im Laufe der Woche noch paar Tausend abheben. Augenblicklich hab ich 3 ½ Tausend zu Hause.

Am Sonntag ist der Volksentscheid, der gefährlichste politische Tag seit der Revolution von 1918. Wenn die Kerls damit durchkommen, können wir einpacken. Dann kommen die Hitlerleute an die Regierung, dann borgt uns Frankreich keinen Heller, dann weiß kein Mensch, was werden wird (…)

Ich sitze jetzt täglich im »Leon« und lasse mich von der Sonne bescheinen. (…)

Liebes Muttchen, ich hoffe, bald von Dir zu hören. Ich lege Dir ein Scheinchen bei. Hoffentlich hast Du dafür Verwendung. Ja? Also, schreibe bald Deinem Berliner.

Café Leon, Kurfürstendamm 155–156. Karte EK an Ida Kästner, 26.9.31

Auf einer kleinen Bank vor einer großen Bank
(Zur bleibenden Erinnerung an den Juli 1931)

Worauf mag die Gabe des Fleißes,
die der Deutsche besitzt, beruhn?
Deutsch sein heißt (der Deutsche weiß es)
Dinge um ihrer selbst willen tun.

Wenn er spart, dann nicht deswegen,
dass er später davon was hat.
Nein, ach nein! Geld hinterlegen
findet ohne Absicht statt.

Uns erfreut das bloße Sparen.
Geld persönlich macht nicht froh.
Regelmäßig nach paar Jahren
klaut ihr's uns ja sowieso.

Nehmt denn hin, was wir ersparten!
Und verludert's dann und wann!
Und erfindet noch paar Arten,
wie man pleitegehen kann!

Wieder ist es euch gelungen.
Wieder sind wir auf dem Hund.
Unser Geld hat ausgerungen.
Ihr seid hoffentlich gesund.

Heiter stehn wir vor den Banken.
Armut ist der Mühe Lohn.
Bitte, bitte, nichts zu danken!
Keine Angst, wir gehen schon.

Und empfindet keine Reue!
Leider wurdet ihr ertappt.
Doch wir halten euch die Treue.
Und dann sparen wir aufs Neue,
bis es wieder mal so klappt.

Frau Fabian schreibt an ihren Sohn

Fabian ging.

Als er sein Zimmer – achtzig Mark monatlich, Morgenkaffee inbegriffen, Licht extra – am Spätnachmittag betrat, fand er einen Brief von seiner Mutter auf dem Tisch. Baden konnte er nicht. Das warme Wasser war kalt. Er wusch sich nur, wechselte die Wäsche, zog den grauen Anzug an, nahm den Brief seiner Mutter und setzte sich ans Fenster. Der Straßenlärm trommelte wie ein Regenguss an die Scheiben. In der dritten Etage übte jemand Klavier. Nebenan schrie der alte eingebildete Oberrechnungsrat seine Frau an. Fabian öffnete das Kuvert und las:

»Mein lieber, guter Junge!

Gleich zu Anfang und um Dich zu beruhigen, der Doktor hat gesagt, es ist nichts Schlimmes. Es ist wohl was mit den Drüsen. Und kommt bei älteren Leuten öfter vor. Mach Dir also meinetwegen keine Sorgen. Ich war erst sehr nervös. Aber nun wird es schon wieder werden mit dem alten Lehmann. Gestern war ich ein bisschen im Palais-Garten. Die Schwäne haben Junge. Im Parkcafé verlangen sie siebzig Pfennig für die Tasse Kaffee, so eine Frechheit.

Gott sei Dank, dass die Wäsche vorbei ist. Frau Hase sagte im letzten Augenblick ab. Einen Bluterguss hat sie, glaub ich. Aber es ist mir gut bekommen. Morgen früh bringe ich den Karton zur Post. Hebe ihn gut auf und schnür ihn fester zu als das letzte Mal. Wie leicht kann unterwegs was wegkommen. Die Mieze sitzt mir auf dem Schoß, sie hat eben ein Stück Gurgel gefressen, und nun stößt sie mich mit dem Kopf und will mich nicht schreiben lassen. Wenn Du mir wieder, wie vergangene Woche, Geld in den Brief steckst, reiß ich Dir die Ohren ab. Wir reichen schon, und Du brauchst Dein Geld selber.

Macht es Dir denn wirklich Spaß, für Zigaretten Reklame zu machen? Die Drucksachen, die Du schicktest, haben mir gut gefallen. Frau Thomas meinte, es ist doch ein Jammer, dass Du solches Zeug schreibst. Aber ich sagte, das ist nicht seine Schuld. Wer heute nicht verhungern will, und wer will das schon, der kann nicht warten, bis ihm der richtige Beruf durch den Schornstein fällt. Und dann habe ich noch gesagt, es ist ja nur ein Übergang.

Der Vater hat halbwegs zu tun. Es scheint aber was mit der Wirbelsäule zu sein. Er geht ganz krumm. Tante Martha brachte gestern ein Dutzend Eier aus dem Garten. Die Hühner legen fleißig. Das ist eine gute Schwester. Wenn sie nur nicht so viel Ärger mit dem Mann hätte.

Mein lieber Junge, wenn Du doch bald mal wieder nach Hause kommen könntest. Ostern warst Du da. Wie die Zeit vergeht. Da hat man nun ein Kind und hat eigentlich keins. Die paar Tage im Jahr, wo wir uns sehen. Am liebsten setzte ich mich gleich auf die Eisenbahn und käme hinüber. Früher war das schön. Fast jeden Abend vor dem Schlafengehen sehe ich mir die Bilder und die Ansichtskarten an. Weißt du noch, wenn wir den Rucksack nahmen und loszogen? Einmal kamen wir mit einem ganzen Pfennig zurück. Da muss ich gleich lachen, während ich dran denke.

Na, auf Wiedersehen, mein gutes Kind. Vor Weihnachten wird es ja wohl nicht werden. Gehst Du immer noch so spät schlafen? Grüß Labude. Und er soll auf Dich aufpassen. Was machen die Mädchen? Sieh Dich vor. Der Vater lässt Dich grüßen. Viele Grüße und Küsse von Deiner Mutter.«

Fabian steckte den Brief ein und blickte auf die Straße hinunter. Warum saß er hier in dem fremden gottverlassenen Zimmer, bei der Witwe Hohlfeld, die das Vermieten früher nicht nötig gehabt hatte? Warum saß er nicht zu Hause, bei seiner Mutter? Was hatte er hier in dieser Stadt, in diesem verrückt gewordenen Steinbaukasten, zu suchen? Blumigen Unsinn schreiben, damit die Menschheit noch mehr Zigaretten rauchte als bisher? Den Untergang Europas konnte er auch dort abwarten, wo er geboren worden war. Das hatte er davon, dass er sich einbildete, der Globus drehe sich nur, solange er ihm zuschaue.

Mutter Fabian zu Besuch in Berlin

Fabian fuhr mit dem Autobus zum Arbeitsamt seines Wohnbezirks. Er hatte bereits eine Mark Fahrgeld verbraucht und blickte vor Wut nicht aus dem Fenster.

Als er ankam, war das Amt geschlossen. »Zeigen Sie mal Ihre Papiere her«, sagte der Portier. »Vielleicht kann ich Ihnen behilflich sein.« Fabian gab dem Biedermann das Zettelpaket. »Aha«, erklärte der Türsteher nach eingehender Lektüre. »Sie sind ja gar nicht arbeitslos.«

Fabian setzte sich auf einen der bronzenen Meilensteine, welche die Einfahrt zierten.

»Sie haben bis zum Monatsende gewissermaßen bezahlten Urlaub. Das Geld haben Sie doch von Ihrer Firma erhalten?«

Fabian nickte.

»Dann kommen Sie mal in vierzehn Tagen wieder«, schlug der andere vor. »Bis dahin können Sie es ja mit Bewerbungsschreiben probieren. Lesen Sie die Stellenangebote in den Zeitungen. Viel Sinn hat es nicht, aber man soll's nicht beschreien.«

»Glückliche Reise«, sprach Fabian, nahm die Papiere in Empfang und begab sich in den Tiergarten, wo er ein paar Brötchen verzehren wollte. Zu guter Letzt verfütterte er sie aber an die Schwäne, die mit ihren Jungen im Neuen See spazieren fuhren.

Als er gegen Abend das Zimmer betrat, fand er seine Mutter vor. Sie saß auf dem Sofa, legte ein Buch beiseite und sagte: »Da staunst du, mein Junge.«

Man umarmte sich. Sie fuhr fort: »Ich musste nachsehen, was du machst. Vater passt inzwischen auf, dass niemand ins Geschäft kommt. Ich hatte Sorgen um dich. Du beantwortest meine Briefe nicht mehr. Zehn Tage hast du nicht geschrieben. Es ließ mir keine Ruhe, Jakob.«

Er setzte sich neben die Mutter, streichelte ihre Hände und erklärte, es gehe ihm gut.

Sie betrachtete ihn prüfend. »Komme ich dir ungelegen?« Er schüttelte den Kopf. Sie stand auf. »Die Wäsche habe ich dir schon in den Schrank geräumt. Deine Wirtin könnte mal reinemachen. Ist sie noch immer zu fein dazu? Was denkst du, was ich mitgebracht habe?« Sie öffnete den Spankorb und legte Pakete auf den Tisch. »Blutwurst«, sagte sie, »ein Pfund, aus der Breiten Straße, du weißt schon. Kaltes Schnitzel. Leider kann man hier nicht in die Küche, sonst würde ich's aufbraten. Schinkenspeck. Eine halbe Salamiwurst. Tante Martha lässt grüßen. Ich war gestern bei ihr im Garten. Ein paar Stück Seife aus dem Laden. Wenn das Geschäft bloß nicht so schlecht ginge. Ich glaube, die Leute waschen sich nicht mehr. Und hier eine Krawatte, gefällt sie dir?«

»Du bist so gut«, sagte Fabian. »Aber du sollst nicht so viel Geld für mich ausgeben.«

»Quatsch mit Sauce«, sagte die Mutter und legte die Esswaren auf einen Teller. »Sie mag uns ein bisschen Tee kochen, deine Gnädige. Ich hab's ihr schon erzählt. Morgen Abend fahre ich zurück. Ich bin mit dem Personenzug gekommen. Die Zeit verging schnell. Ein Kind war im Abteil. Wir haben viel gelacht. Was macht dein Herz? Du rauchst zu viel! Überall stehen leere Zigarettenschachteln herum.«

Fabian sah der Mutter zu. Sie hantierte vor lauter Rührung wie ein Gendarm.

»Ich musste gestern daran denken«, sagte er, »wie das damals war, als ich im Internat steckte, und du warst krank, und ich rannte abends davon, über den Exerzierplatz, nur um zu sehen, wie es dir ginge. Einmal, das weiß ich noch, schobst du einen Stuhl vor dir her und stütztest dich darauf, sonst hättest du mir gar nicht öffnen können.«

»Du hast viel durchgemacht mit deiner Mutter«, sagte sie. »Man müsste sich öfter sehen. Wie geht's in der Fabrik?«

»Ich habe ihnen ein Preisausschreiben vorgeschlagen. Daran können sie eine Viertelmillion verdienen.«

»Für zweihundertsiebzig Mark im Monat, diese Bande.« Die Mutter war empört. Dann klopfte es. Frau Hohlfeld brachte den Tee, stellte das Tablett auf den Tisch und sagte:»Ihr Onkel ist schon wieder da.«

»Dein Onkel?«, fragte die Mutter erstaunt.

»Ich habe mich auch schon gewundert«, erklärte die Wirtin.

»Hoffentlich haben Sie sich dabei keinen Schaden getan, gnädige Frau«, erwiderte Fabian, und Frau Hohlfeld entfernte sich gekränkt. Fabian holte den Erfinder ins Zimmer und sagte:»Mama, das ist ein alter Freund von mir. Er hat gestern auf dem Sofa geschlafen, und ich habe ihn zu meinem Onkel ernannt, um das Verfahren abzukürzen.« Er wandte sich an den Erfinder.»Das ist meine Mutter, lieber Onkel. Die beste Frau des Jahrhunderts. Nehmen Sie Platz. Aus dem Sofa wird heute freilich nichts. Aber ich möchte Sie für morgen einladen, wenn es Ihnen recht ist.«

Der alte Herr setzte sich, hustete, stülpte den Hut auf den Schirmknauf und drückte Fabian ein Kuvert in die Hand.»Stecken Sie das rasch ein«, bat er.»Es ist meine Maschine. Man ist hinter mir her. Meine Familie will mich wieder einmal ins Irrenhaus bringen. Sie hofft wahrscheinlich, mir dabei die Notizen abzujagen und zu Geld zu machen.«

Fabian steckte den Briefumschlag ein.»Man will Sie ins Irrenhaus sperren?«

»Ich habe nichts dagegen«, bemerkte der Alte.»Man hat seine Ruhe dort. Der Park ist wundervoll. Der leitende Arzt ist ein erträglicher Kerl, selber ein bisschen verrückt und spielt ausgezeichnet Schach. Ich war schon zweimal dort. Wenn mir's zu dumm wird, rück ich wieder aus. Entschuldigen Sie, meine Dame«, sagte er zu der Mutter.

»Ich mache Ihnen Ungelegenheiten. Erschrecken Sie nicht, wenn man mich abholt. Es wird gleich klingeln. Ich bin so weit. Die Papiere sind gut aufgehoben. Verrückt bin ich übrigens nicht, ich bin meinen werten Angehörigen zu vernünftig. Lieber Freund, schreiben Sie mir ein paar Zeilen nach Bergendorf in die Heilanstalt.«

Es klingelte.

»Da sind sie schon«, rief der Alte.

Frau Hohlfeld ließ zwei Herren eintreten.

»Ich bitte, die Störung zu entschuldigen«, sagte der eine und verbeugte sich. »Vollmachten, die Sie gern einsehen können, veranlassen mich, Herrn Professor Kollrepp aus Ihrem Kreise zu entfernen. Unten wartet mein Auto.«

»Wozu die Umstände, lieber Sanitätsrat? Sie sind dünner geworden. Ich merkte es schon gestern, dass ihr mir auf der Spur wart. Tag, Winkler. Da wollen wir mal in Ihren Wagen klettern. Wie geht's meiner lieben Familie?«

Der Arzt hob die Schultern.

Der Alte ging zum Schrank hinüber, öffnete ihn, sah hinein und schloss die Tür wieder. Dann trat er zu Fabian und nahm dessen Hand. »Ich danke Ihnen sehr.« Er schritt zur Tür. »Sie haben einen guten Sohn«, sagte er zu der alten Frau. »Das kann nicht jeder von sich behaupten.« Dann verließ er das Zimmer. Der Arzt und der Wärter folgten ihm. Fabian und seine Mutter blickten durchs Fenster. Ein Auto stand vor dem Haus. Die drei Männer traten aus der Tür. Der Chauffeur half dem alten Erfinder in einen Staubmantel. Die Pelerine wurde verstaut.

»Ein komischer Mann«, sagte die Mutter, »aber verrückt ist er nicht.« Das Auto fuhr davon. »Warum sah er eigentlich in den Schrank?«

»Ich habe ihn heute früh in den Schrank gesperrt, damit die Wirtin nichts merkte«, sagte der Sohn.

Die Mutter goss Tee ein. »Aber leichtsinnig ist es trotzdem von dir, wildfremde Leute hier schlafen zu lassen. Wie schnell kann etwas passieren. Hoffentlich hat er deine Sachen im Schrank nicht schmutzig gemacht.«

Fabian schrieb die Adresse der Irrenanstalt auf das Kuvert und schloss es weg. Dann setzte er sich zum Essen.

Nach dem Abendbrot sagte er: »Komm, mach dich fertig. Wir gehen ins Kino.« Während sich die Mutter anzog, besuchte er Cornelia und erzählte ihr, dass seine Mutter da sei. Die Freundin war müde und lag schon im Bett. »Ich schlafe, bis du aus dem Kino zurück bist«, meinte sie. »Siehst du dann noch einmal zu mir herein?« Er versprach es.

Der Tonfilm, den Fabian und seine Mutter sahen, war ein albernes Theaterstück, das in zwei Dimensionen verlief. Abgesehen davon war nicht gespart worden, der vorgeführte Luxus überschritt jede Grenze. Man hatte, obwohl dergleichen anstandshalber nicht gezeigt wurde, den Eindruck, unter den Betten stünden goldene Nachttöpfe. Die Mutter lachte wiederholt, und das freute Fabian so sehr, dass er mitlachte.

Nach Haus gingen sie zu Fuß. Die Mutter war vergnügt. »Wenn ich früher so gesund gewesen wäre wie heute, mein Junge, dann hättest du es besser gehabt«, meinte sie nach einiger Zeit.

»Es war auch so nicht übel«, sagte er. »Und außerdem ist es vorbei.«

Zu Hause stritten sie sich ein bisschen, wer im Bett und wer auf dem Sofa schlafen solle. Endlich siegte Fabian. Die Mutter bereitete das Sofa zur Nacht. Er müsse erst einmal nebenan, sagte er dann. »Dort wohnt eine junge Dame, und ich bin mit ihr befreundet.« Er verabschiedete sich für alle Fälle, gab der Mutter einen Kuss und öffnete leise die Tür.

Eine Minute später kam er wieder. »Sie schläft schon«, flüsterte er und bestieg sein Sofa.

»Früher wäre das nicht möglich gewesen«, bemerkte Frau Fabian.

»Das hat ihre Mutter auch gesagt«, meinte der Sohn und drehte sich nach der Wand. Plötzlich, kurz vor dem Einschlafen, stand er noch einmal auf, tappte durchs dunkle Zimmer, beugte sich über das Bett und sagte wie einst: »Schlaf gut, Muttchen.«

»Du auch«, murmelte sie und öffnete die Augen. Er konnte das nicht sehen. Er tastete sich im Finstern zum Sofa zurück.

Am andern Morgen wurde er von seiner Mutter geweckt. »Aufstehen, Jakob! Du kommst zu spät ins Büro!« Er machte sich rasch fertig, trank den Kaffee im Stehen und verabschiedete sich.

»Ich werde inzwischen Ordnung schaffen«, sagte sie. »So was von Staub überall. Und an deinem Mantel ist der Henkel abgerissen. Geh ohne Mantel. Es ist ja warm draußen.«

Fabian lehnte an der Tür und sah zu, wie die Mutter hantierte. Ihr aus Nervosität und Ordnungsliebe addierter Fleiß wirkte anheimelnd. Das Zimmer war erfüllt davon, es erinnerte plötzlich an zu Hause.

»Dass du dich ja nicht fünf Minuten hinsetzt und die Hände in den Schoß legst«, warnte er. »Wäre es nicht schöner, wenn ich jetzt Zeit hätte? Wir könnten in den Tiergarten gehen. Oder ins Aquarium. Oder wir blieben hier, und du würdest mir wieder einmal davon erzählen, wie komisch ich als Kind war. Als ich die Bettstelle mit der Stecknadel völlig zerkratzte und dich dann bei der Hand nahm, um dir das herrliche Gemälde zu zeigen. Oder als ich dir zum Geburtstag weißen und schwarzen Zwirn und ein Dutzend Nähnadeln und Druckknöpfe schenkte.«

»Und ein Heft Stecknadeln und weiße und schwarze Nähseide. Es ist mir noch wie heute«, sagte die Mutter und strich sein Jackett glatt. »Der Anzug müsste gebügelt werden.«

»Und eine Frau müsste ich haben und sieben kleine ulkige Kinder«, ergänzte er in weiser Voraussicht.

»Scher dich an die Arbeit!« Die Mutter stemmte die Arme in die Hüften. »Arbeiten ist gesund. Übrigens, ich hole dich am Nachmittag vom Büro ab. Ich warte vor der Tür. Dann bringst du mich zum Bahnhof.«

»Es ist sehr schade, dass du nur einen Tag bleiben kannst.« Er kam noch einmal zurück.

Die Mutter sah ihn nicht an. Sie machte sich am Sofa zu schaffen. »Ich hielt es drüben nicht mehr aus«, murmelte sie. »Aber nun geht's schon wieder, du musst nur länger schlafen, und du darfst das Leben nicht so schwer nehmen, mein Junge. Es wird dadurch nicht leichter.«

»Nun gehe ich aber, sonst komme ich wirklich noch zu spät«, sagte er.

Sie blickte ihm vom Fenster aus nach und nickte. Er winkte und lachte und lief schnell, bis das Haus nicht mehr zu sehen war. Dann verlangsamte er den Schritt und blieb schließlich stehen. Ein hübsches Versteckspiel trieb er da mit der alten Frau! Rannte auf und davon, obwohl er nichts zu tun hatte. Ließ sie da oben allein in dem fremden, hässlichen Zimmer, obwohl er wusste, dass sie jede Stunde, die sie mit ihm zusammen sein durfte, bereit war, gegen ein ganzes Jahr ihres Lebens einzutauschen. Am Nachmittag würde sie ihn vom

Büro abholen. Er musste ihr eine Komödie vorspielen. Sie durfte nicht wissen, dass er entlassen war. Der Anzug, den er trug, war der einzige, den er sich in zweiunddreißig Jahren selber gekauft hatte. Ihr Leben lang hatte sie seinetwegen geschuftet und gespart. Sollte das denn nie ein Ende nehmen?

Schone Dich ja recht sehr, Allerbestes!
An Ida Kästner, Berlin, 13. Januar 1932

Berlin, 9. Januar 1932
Mein liebes, gutes Muttchen!
Ich habe mehrere Tage nichts von Dir gehört. Hoffentlich ist Dein Zustand nicht daran schuld? Geht's Dir weniger gut als bisher? Hat Dich der Hugosche Kaffeebesuch doch zu sehr angegriffen? Schreib mir bald, und wenn es nur ein paar Zeilen sind! Du hast ja sicher wegen der Wäsche wenig Zeit. Arbeite aber, bitte, möglichst wenig mit, ja? Frau Hase soll es, wenn möglich, ganz allein erledigen.

Heute und morgen sind Pünktchen-Aufführungen. Ich werde in beide hineinschauen, damit ich weiß, wie sie besucht sind. Das Deutsche Theater benimmt sich reichlich traurig. Nicht einmal Steuerkarten geben sie für Bekannte. (…)

Ich schicke Dir paar Kritiken und ein Scheinchen. Verleb's gesund! Wäschegeld kommt Anfang der Woche. (…) Frohen Sonntag, Liebe, Gute! Und Milliardonen Grüßchen und Küßchen

von Deinem ollen Jungen

Berlin, 13. Jan. 32

Heute gab es wieder große Aufregung. »Pünktchen«, das für 16. und 17. Jan. angekündigt war, soll überhaupt nicht mehr gespielt werden. Was da wieder dran schuld war, weiß ich nicht recht. Denn am vorigen Sonntag war das Theater nahezu ausverkauft. Nun geht's wieder los. Telefonate mit dem Theater, mit Stuttgart, Prozeßandrohung und andre hübsche Sachen. Mir hängt es schon zum Hals heraus.

Mit der Jacobsohn auch nichts als Ärger. Sie kann keinen Vorschuß zahlen, wollte mir einen Wechsel andrehen. Ich fürchte, sie wird pleite gehen, und ich werde von dem vielen Geld, das ich am 15. Februar zu kriegen habe, nicht viel zu sehen kriegen. Sie kümmert sich um gar nichts mehr. Mich telefonieren die Agenten an, die Pünktchen ins Ausland vermitteln wollen, und sie klagen, sie bekämen von der Jacobsohn überhaupt keine Antwort mehr.

Na, es wird ja wohl auf dasselbe herauskommen, ob ich mein Geld bei ihr oder erst im Dritten Reich verliere. Der Chronos-Verlag (der Bühnenvertrieb von Stuttgart) wird von der Verlags-Anstalt Herrn Mörike geschenkt. Er ist jetzt Besitzer des Vertriebs und kommt wieder nach Berlin. Nun bin ich dem alten Esel vollkommen ausgeliefert. Das kann auch hübsch werden.

Heute hab ich mit Kilpper verhandelt. Weller wollte Ostern meinen vierten Gedichtband herausbringen, Kilpper rät, ich solle damit warten. Aber was hat Warten für Zweck, wo man damit rechnen muß, daß das Schreiben bald nur noch unter ganz strenger Zensur möglich sein wird.

Na, wenn ich mich erst wieder richtig erholt habe, geht's wieder mit frischen Kräften an die Arbeit. Jetzt bin ich klapprig wie ein alter Gaul. (…) Ein paar Kritiken und ein Scheinchen leg ich bei. Eh ich reise, schicke ich Dir per Post etwas. Denn ich will, daß Du's Dir recht bequem machen kannst, damit Du, bis wir ins Herzbad reisen, wieder ein bißchen gesünder bist. Schone Dich ja recht sehr, Allerbestes!

Berlin, 29. 2. 32
Mein liebes, gutes Muttchen Du!
(...) Hab noch vielvielen Dank für die wunderbare Schreibmaschine. Ich hab mich riesig gefreut, und sie wird sicher Glück bringen. Noch mehr als die erste von der Tante. Schreib mir ja recht bald, wie Dir's geht, ja?
Milliardonen Gr u Küßchen und gute Besserung und folge gut
Deinem ollen Jungen

Die Heimkehr des verlorenen Sohnes

Erst wollte er bis ans Mittelmeer.
Er war schon auf halber Strecke
und stieg im Schnee und in Innsbruck umher.
Der Himmel war blau. Das gefiel ihm sehr.
Und er staunte an jeder Ecke.

Dann hatte er noch zehn Tage Zeit
und wollte nach Nizza reisen.
Er war vergnügt wie nicht gescheit
und lachte und dachte: Die Welt ist zwar weit,
doch ich werde ihr's schon beweisen!

So kam der Tag, an dem er fuhr.
Es war schon alles in Butter.
Da blickte er plötzlich erstaunt an die Uhr
und pfiff auf Nizza und die Natur
und reiste zu seiner Mutter.

Die Fahrt erschien ihm wunderbar.
Er winkte jedem Flüsschen.
Es war schon über ein volles Jahr,
dass er nicht mehr zu Hause war.
Und da schämte er sich ein bisschen.

Dann kam er an und stieg schnell aus
mit seinen Koffern und Taschen.
Er kaufte Blumen und fuhr nach Haus
und sagte versteckt hinterm Blumenstrauß:
»Ich wollte dich überraschen.«

Jetzt saß er zwar nicht in Nizza und Cannes,
doch er saß in Mutters Zimmer.
Sie schwieg und lachte dann und wann
und erzählte und brachte Kuchen an
und betrachtete ihn immer.

Zehn ganze Tage blieb er hier!
Bis zur allerletzten Minute.
Dann fuhr er fort und winkte ihr.
Sie stand verlassen auf Bahnsteig 4
und sagte gerührt: »Der Gute.«

Experiment mit Müttern

Ich bin davon überzeugt, dass der Mann, der unverheiratete dazu, in seiner Sympathie für Kinder Amateur bleiben muss. Kinder aus Profession zu lieben ist das Vorrecht der Mütter. Nun gibt es allerdings auf diesem Gebiet, wie in andern Fächern, nicht nur begabte und tüchtige Professionals, sondern auch ungeeignete und nachlässige. Als ich gar in einem Jugendbuch neben einer vorbildlichen Mutter eine mangelhafte, der Kritik bedürftige, darstellte, trug mir das den Unwillen mancher Frau ein.

Trotzdem ging ich in mich und wandte meine Aufmerksamkeit vorübergehend weniger den Kindern als ihren Müttern zu. Der wochenlange Aufenthalt in einem großen Gebirgshotel bot Gelegenheit. Kinder gab es in Hülle. Frauen gab es in Fülle. Ich begann zu beobachten. Ich machte Bekanntschaften. Ich riss Augen und Ohren auf, der liebevollen Mütter gewärtig. Ich hatte Pech. Die vorbildlichen Mütter hatten offensichtlich über das fünfhundert Menschen fassende Hotel den Boykott verhängt. Was ich sah und hörte, war ebenso bedauerlich wie das, was nicht zu sehen und nicht zu hören war. Wenn ich mit ein paar Frauen zusammensaß und das Gespräch auf ihre Kinder brachte (denn unaufgefordert sprachen sie über alles andere eher als über diese), hörte ich zwar oft genug, man wüsste nicht, was man tun solle, falls den lieben Kleinen etwas zustieße. – Es steht außer Frage, dass sie, wäre der Sprössling krank geworden, nicht von seinem Lager gewichen wären. Aber er war nicht krank, der Sprössling! Und da er gesund und munter war, kräftig aß und das Erforderliche wog, bestand kein Anlass, sich ernstlich um ihn zu kümmern. Das besorgte entweder das Kinderfräulein oder niemand.

Es gab da holländische Barone, englische Offiziere, französische Ritter der Ehrenlegion und Tiroler Sportgestalten – die Kinder waren hinter solch männlichen Figuren begreiflicherweise nicht zu erkennen. Sie rollten sich im Schnee; sie liefen durch die Halle; sie waren allein, weil – wie die Damen erfahren bemerkten – die Kinder am liebsten allein sind.

Da ich es bis jetzt unterlassen habe, Beispiele anzuführen, hole ich das Praktikum nach. Ich bringe wenigstens ein Exempel: Eines Abends kam eine der Bekannten an meinen Tisch, setzte sich, schien recht außer Atem und sagte: »Denken Sie, was ich erlebt habe! Soeben hat mir mein Junge eine Szene gemacht!«

Ich schwieg und wartete gespannt auf den Bericht.

Die Dame fuhr, aufrichtig ergriffen, fort: »Ich hatte versprochen, mit ihm zu Abend zu essen. Na, so etwas vergisst sich, nicht? Kann ja vorkommen. Aber er hatte es nicht vergessen und wurde wütend, als ich fortgehen wollte. Ich hatte nämlich eine kleine Verabredung mit Dottore Spalato. Kann ja vorkommen. Und was, glauben Sie, sagt das Kind? Du kümmerst dich überhaupt nicht um mich, sagt er. Du bist überhaupt keine richtige Mutter, sagt er. Mein Kalender liegt im

Schreibtisch, und das Parfüm hat Frau Schreitmüller gekriegt, brüllt er und heult, es war einfach schrecklich.«

Es lässt sich nicht leugnen, die Dame hatte ein schlechtes Gewissen. »Sein Kalender liegt im Schreibtisch?«, fragte ich.

»Na ja«, meinte sie. »Er hat mir zu Weihnachten einen Kalender geschenkt, einen zum Abreißen, wissen Sie, einen selbstgemalten. Vier Wochen hat er dran herumgemalt. Mein Mann hat ihn wahrscheinlich in den Schreibtisch geschlossen. Kann ja vorkommen.«

Mir blieb, mit Verlaub, die Spucke weg. Ich bin, wenn es sein muss, ein sentimentaler Kerl und weiß, was es bedeutet, wenn ein zehnjähriger kleiner Junge vier Wochen lang an einem Abreißkalender malt. Und ich weiß, was es bedeutet, wenn so ein Kalender bis zum dritten Feiertag herumliegt, als sei er gar nicht da. Und der kleine Maler schleicht immer wieder am Tisch vorbei und stellt immer wieder fest, dass das Abreißprachtwerk von keinem bemerkt wird. Und dann verschwindet es achtlos in Vaters Schreibtisch.

»Und was war mit dem Parfüm, das Frau Schreitmüller gekriegt hat?«, fragte ich.

»Ach, eine Flasche Parfüm hat er mir geschenkt«, sagte die Dame. »Er hat einen Spartopf, nicht wahr? Und von dem Geld, das er während eines Jahres spart, schenkt er mir jedes Mal was zu Weihnachten. Diesmal hat er mir Parfüm geschenkt.«

»Und?«

»Als wir, auf der Reise hierher, in München bei einer guten Bekannten wohnten, wollte ich die Parfümflasche öffnen. Dabei brach der Stopfen ab. Kann ja vorkommen. Was sollte ich nun mit der Flasche anfangen? Ich hab sie der Frau Schreitmüller geschenkt.« Ein Jahr lang hatte der Junge gespart. Dann hatte er das Geld aus dem

Topf geangelt. Dann war er heimlich in die Stadt gelaufen, hatte eine der teuren Flaschen erworben, wie sie vor Mutters Schlafzimmerspiegel standen, und kein Geschenk war ihm prächtiger erschienen als der glitzernde Flakon unterm Christbaum. Und wer besaß es jetzt, dieses herrliche Geschenk? Frau Schreitmüller in München!

»Sie hätten den Flaschenhals über einer Flamme erhitzen müssen«, schlug ich vor. Aber ich sprach nicht weiter. Ich schwieg. Die Flasche stand ja nun in München. Mein Rezept kam zu spät.

»Förmlich getobt hat er«, erzählte die Mutter. »Mindestens eine halbe Stunde lang. Ich hab ihn natürlich wieder beruhigt, ja. Ab morgen sparen wir gemeinsam. Und wenn wir Geld genug beisammen haben, kaufen wir eine neue Flasche Parfüm.«

»Das hat ihn beruhigt?« – »Freilich.« – »Und die Sache mit dem Kalender?«

»Ach, ich hab ihm gesagt, ich hätte den Kalender weggeschlossen, um ihn mir als Andenken aufzuheben. Weil es doch schade sei, so eine schöne und mühselige Arbeit durch tägliches Abzupfen zu entstellen und schließlich zu vernichten.«

»Das hat er geglaubt?«, wagte ich zu fragen.

»Selbstverständlich. Er ist ein gutes Kind«, sagte die Dame. »Wir haben uns wieder versöhnt. Jetzt liegt er in seinem Bett und schläft glücklich und zufrieden.«

»Dass er Ihnen das geglaubt hat!«, sagte ich leise.

»Wie merkwürdig Kinder sein können«, bemerkte sie, nahezu nachdenklich. »Fast ein Vierteljahr hat er diese Geschichte mit den Weihnachtsgeschenken für sich behalten. Komisch, nein?«

Natürlich redete ich der Dame ins Gewissen. Die Gelegenheit war günstig, sie hatte gerade eins. Aber sie hatte es nicht lange. Der

Dottore Spalato reiste ab; und Mister Price, ein notarisch beglaubigter Löwenjäger, schob sich in den Vordergrund.

Und wieder spazierte der kleine Junge melancholisch durch die Hotelhalle und fragte alle Leute, die er kannte: »Haben Sie meine Mutter nicht gesehen?«

Nur diesen einen Fall wollte ich mitteilen, obwohl es, aus jenem Hotel, noch andre Fälle von »Mütterlichkeit« zu berichten gäbe.

Abschließend möchte ich eine rhetorische Frage stellen. Warum schreibt man so viel über die Erhaltung der Staaten, und warum beschäftigt man sich so wenig mit dem Wiederaufbau der Familie, wo diese doch das einzige unentbehrliche Kollektiv darstellt?

Man kommt aus dem Neugierigsein nicht heraus
An Ida Kästner, Hamburg, 4. Oktober 1934

[Meran,] 27.3.33

Mein liebes, gutes, besorgtes Muttchen Du!

Vielen Dank für Deine Briefe und die Karte. Also, mit dem Draußenbleiben, das kommt gar nicht in Frage. Ich hab ein gutes Gewissen; und ich würde mir später den Vorwurf der Feigheit machen. Das geht nicht. Außerdem bekommt mir das Fortsein immer nur paar Wochen. Stuttgart muß auch unbedingt erledigt werden. Und paar ruhige Wochen in Dresden werden nichts schaden. Ob ich sehr bald nach Berlin fahren werde, weiß ich allerdings nicht. Das hat Zeit, bis es noch ruhiger geworden ist. (...)

Also, meine Allerbeste, Kopf oben behalten! Man soll nie sagen, ich hätte mich gedrückt. Das wäre mir mein Leben lang unerträglich. Ich freu mich auf unser Wiedersehen in Dresden. Milliardonen Gr u
Küßchen   von Deinem ollen Jungen

Meran, März 1933

[Berlin] 1. XII. 33
Nun ist Onkel Eduard schon über eine Woche in Berlin, und es sieht noch gar nicht nach Abreise aus. Erstens muß ich wegen Karlinchens Stück bleiben. Zweitens ist Stemmle, der sehr im Film drin ist, vom »Fl Kl« begeistert und will mit mir, obwohl die Firmen meinen Namen nicht gern hören, in den nächsten Tagen ein Exposé für Filmproduzenten ausarbeiten. Drittens soll ich morgen zur Eckersberg, die ein Stück mit mir schreiben will. Viertens muß ich Montag den Reichsverband anrufen, wo mir Hans Richter, der 2. Vorsitzende, einen vorläufigen Bescheid privater Natur geben will, ob sie mich aufnehmen werden oder nicht. Die Fragebogen hab ich schon unterschrieben. Leute, die Mitglied der Liga für Menschenrechte waren, sind wohl eigentlich nicht statthaft. Na, wir werden ja sehen, wie der Hase läuft.

[Hamburg] 4. Okt. 34
Endlich mal 'n paar Tage ohne die üblichen kleinen Aufregungen! Ob Kilp[per] inzwischen etwas erreicht hat, weiß ich nicht. Wenn alle

Stränge reißen, lassen wir das Buch in der Schweiz erscheinen. Und der Schweizer Verleger darf es nämlich nach Deutschland liefern. Dann wären wir um die Schwierigkeit herum. Das ist schon ein süßes Durcheinander, was? Na, irgendwie kommt Onkel Eduard immer wieder mit dem Rücken an die Wand. Das wissen wir ja.

Freitag wollte ich mir in Altona Roberts »Kind« ansehen. Fällt aber fort. Wegen einer anderen Generalprobe. So kann ich erst am Sonntag gehn.

Wenn ich wieder in Berlin bin, schreib ich erst einmal eine Woche mit Werner am Drehbuch. Dann komm ich zum Muttchen. Bis dahin werden wir ja auch wissen, was nun mit dem Buch werden wird. Mit den Schneemännern, meine ich. Man kommt aus dem Neugierigsein nicht heraus.

[Berlin] 10.10.34

Nun bin ich also wieder in Berlin. Hab vielen Dank für das Kärtchen und die Wäsche!

Was aus dem Buch wird, weiß ich noch nicht. Inzwischen ist nun die Reichsdramaturgie an der Arbeit, Roberts Stück kaltzumachen. Warum? Weil ich ihm bei der Erfindung des Stoffes mitgeholfen hätte. Na ja. Da wird wohl Dresden bald absetzen müssen. Die andern Städte auch. Außer Wien und Ausland. Berlin probiert schon ein andres Stück statt dessen. (...)

Heute früh rief die Ufa an, ob ich arbeiten dürfte. Das mußte ich nun leider ablehnen. Na ja. Tennisspielen ist ja auch gesünder.

Meine Allerbeste: Macht Euch, bitte, nichts draus, und sei genau so munter und fidel wie   Dein oller Junge

Begegnung mit einem Trockenplatz

Wie sehr sich solche Plätze gleichen.
Wie eng verwandt sie miteinander sind.
Gestänge, Stricke, Wäsche, Klammern, Wind
und sieben Büschel Gras zum Bleichen,
bei diesem Anblick wird man wieder Kind.

Wie gern ich mich daran erinnern lasse.
Ich schob den Wagen. Und die Mutter zog.
Ich knurrte, weil die Wäsche so viel wog.
Wie hieß doch jene schmale Gasse,
die dicht vorm Bahnhof in die Gärten bog?

Dort war die Wiese, die ich meine,
dort setzten wir den Korb auf eine Bank
und hängten unsern ganzen Wäscheschrank
auf eine kreuz und quer gezogne Leine,
und Wind und Wäsche führten Zank.

Ich saß im Gras. Die Mutter ging nach Hause.
Die Wäsche wogte wie ein weißes Zelt.
Dann kam die Mutter mit Kaffee und Geld.
Ich kaufte Kuchen, für die Mittagspause
in dieser fast geheimnisvollen Welt.

Die Hemden zuckten hin und her,
als wollten sie herab und mit uns essen.
Die Sonne schien. Die Strümpfe hingen schwer.
Oh, ich erinnre mich an alles sehr
genau und will es nie vergessen.

Zwei Mütter und ein Kind

Gerade als die achtjährige Marlene im Hof des Merck'schen Grund-
stücks ihre Puppe Oswald hoch auf die Teppichklopfstange gesetzt
hatte, weil man modernen Puppen beizeiten das Schwindelgefühl
abgewöhnen soll, denn es kann ja leicht sein, dass sie einmal im
Flugzeug verreisen müssen, da erschien Pony, die kleine Schwester,
auf der Bildfläche und sagte: »Du sollst sofort nach Hause kommen.
Unsre neue Mutter ist da.«

Marlene nickte und schüttelte die Betten im Puppenwagen zurecht. Pony machte kehrt, stieg langsam über das holprige Pflaster zurück und verschwand im Torbogen. Die Merck'schen Kinder standen
staunend neben Marlene. Und einer der Jungen fragte: »Wie heißt sie
denn?«

»Fräulein Stampfer, glaub ich«, gab sie zur Antwort.

»Das ist ja nun Unsinn«, meinte Herta Merck. »Wenn sie eure neue
Mutter ist, heißt sie natürlich Frau Nieritz, genau wie dein Vater.«

»Gott, bist du blöd!«, sagte der Junge, »der Vater heißt doch nicht
Frau Nieritz!« Er streckte die Hand vor und wollte der Schwester, um
den Grad ihrer Dummheit auszudrücken, ein unsichtbares Kreuz auf

die Stirn zeichnen. Da kriegte er aber eins auf die Finger. Er schlug zurück. Und es entstand einer der üblichen Merck'schen Familienzwiste. Die anderen Geschwister ergriffen, damit die Erbitterung der Duellanten nicht zu rasch nachlasse, Partei, und schließlich stand Marlene allein auf dem Hof. Das Gefecht tobte abseits, auf den Barrikaden des Lagerschuppens, weiter. Marlene nahm ihren Wagen und verschwand straßenwärts.

Die Puppe Oswald hockte noch immer oben auf der Klopfstange, wurde plötzlich nervös, kippte hintenüber und schlug aufs Pflaster. Mit zum Himmel erhobenen Armen, ängstlich zurückgelehnt, saß sie da. Unverletzt. Denn sie war aus Stoff.

Auf der Straße draußen blickte Marlene sich vorsichtig um. Dann schob sie ihren Puppenwagen dicht an der Häuserfront entlang und bog rasch in eine der Gassen ein, die auf die Oppelstraße führen. Hier verlangsamte sie den Schritt, spazierte unter den großen Ulmen vor der ehemaligen Feldartilleriekaserne wie ein Kindermädchen nach dem Mittagessen, mit gutmütiger Würde. Und dort, wo links das freie Feld beginnt, mit den Landschaftsgärtnereien und den Kranzbuden, blieb sie eine Weile stehen. Sie spielte mit den Ästen, die sich über die Zäune bogen, brach kleine Birkenzweige ab, legte sie in den Wagen, pflückte drei Gänseblümchen, die nahe an der Straße standen, tat die Blumen zu den Zweigen und setzte dann ihren Weg fort. Bis zum St. Pauli-Friedhof.

Oben im vierten Revier, wo die Gräber der letzten Jahre liegen, auf einem Hügel hoch über den unzähligen Grabkreuzen vergangener Jahrzehnte, öffnete sie ein quietschendes Gruftgitter, zog den Puppenwagen mühsam über drei Stufen, stellte ihn an die Taxuszeile, setzte sich auf die kleine grüne Bank neben dem Grab und blickte über die Gräser und Kreuze und Urnen und Engel hinweg zur Stadt hinunter, deren Türme und Gasometer in violettem Dunst lagen.

Eine der alten Frauen ging vorüber, die dazu bestellt sind, die Gräber sauber zu halten und die Topfblumen zu begießen. Sie nickte dem Kinde freundlich zu. Marlene merkte es gar nicht. Sie kniete sich hin, entfernte verdorrte Zweige und Blumen, legte an ihrer statt die drei Gänseblümchen und das frische Birkengrün sorgfältig verteilt aufs Grab, holte die Puppe Florfina aus dem Wagen, setzte sie neben eins der Gänseblümchen, kauerte sich auf den Granitrand und sagte nach einer Zeit: »Oswald sitzt noch auf der Teppichstange. Erinnere mich nachher dran, dass wir ihn abholen. Sonst bleibt er die ganze Nacht über dort und weint. Vielleicht würde er auch vor Angst herzkrank. Sitz ruhig!«

Ein Herr und eine Dame kamen vorbei, in schwarzen Kleidern, und er trug einen glänzenden Zylinder. Der Kies knirschte.

Marlene strich Florfina übers Filzhaar, schüttelte den Kopf, als antworte sie auf irgendetwas, und meinte: »Fräulein Stampfer heißt nun Frau Nieritz und denkt, deswegen wäre sie unsre Mutter. So ein Einfall, was? Das ist genauso, als wenn ich zu Mercks ginge und sagte: Guten Tag, ich bin ab heute Ihre Tochter und heiße Marlene Merck. Verstehst du? Na also. Sogar du verstehst es und bist bloß eine Puppe. Vater versteht es nicht. Weil wir keine Mutter mehr hätten, müssten wir eine neue bekommen, hat er gesagt. Wenn man aber keine Mutter mehr hat, da hat man eben keine Mutter mehr.«

Marlene holte sich die Puppe Florfina auf den Schoß, fragte: »Bist du müde?«, und betrachtete das Panorama der Stadt. Dann fuhr sie halblaut fort: »Soll ich dir eine Geschichte erzählen? Vielleicht das

Märchen von der kleinen Martha, die stets allein war? Der kleinen Martha war nämlich die Mutter gestorben. Und da dachte sie eines Tages, ich will sie doch mal besuchen. Und kaufte sich ein Flugzeug von ihrem gesparten Geld. Und das Flugzeug wurde in eine große Kanone gesteckt. Und Martha saß drin. In einem Rucksack hatte sie Milch und Zwieback. Und eine Bonbonniere für ihre Mutter. Dann wurde die große Kanone abgefeuert. Und das Flugzeug sauste direkt bis zum Himmel. Und am Himmel hieß es: Wer nicht tot ist, darf nicht hinein! Aber Martha gab dem Schupo die Bonbonniere, und da durfte sie. Sie suchte lange, und die Straßen hatten blaue Nummern, und auf der Straße Nummer hunderttausendelf saß Marthas Mutter und hatte ein schönes goldenes Kostüm an.

Und Marthas Mutter merkte nichts, sondern saß auf einem Klappsessel, wie im Kino, und sah sich die Fotografien an, wo ihre sechs Kinder drauf waren. Da setzte sich Martha heimlich mit auf den Sessel und nahm ihre Mutter bei der Hand und sagte fröhlich: ›Endlich hab ich dich gefunden. Ich mag nicht allein auf der Erde bleiben und tue hier so, als ob ich tot wäre, und der Schupo hat deine Pralinés, aber das ist nicht schlimm, ich kaufe dir neue. Gar nichts ist jetzt schlimm, denn jetzt hab ich dich wieder, meine gute Mutti, und …‹

Meine gute Mutti«, sagte die kleine Marlene noch einmal und konnte die Türme der Stadt nicht mehr sehen, weil sie weinen musste. Sie legte den Kopf neben die drei Gänseblümchen und hielt die Hände vors Gesicht.

Pferdehändler Nieritz saß mit den Hochzeitsgästen – es waren nur Verwandte von ihm da und ein alter Geschäftsfreund – in der guten Stube. Lisbeth, seine neue Frau, schnitt Napfkuchen in Stücke, goss

Kaffee ein und nötigte die Gesellschaft zuzulangen. Mitunter stand sie von ihrem Platz auf und trat ins Nebenzimmer, in dem die Kinder saßen und frohen Lärm machten.

»Robert hat eben Mutter zu mir gesagt, und Gertrud hat mir die Hand gestreichelt«, erzählte sie halblaut am Tisch und freute sich.

»Ja, ja, aber wo bleibt Marlene?«, fragte Herr Nieritz. »Sie hat so an meiner ersten Frau gehangen, und seit Lisbeth zu uns kommt, ist das Kind fast nie zu Hause.«

»Bei uns auf dem Turnerweg, zwei Häuser weiter«, wusste eine der Schwägerinnen, »wohnt eine Witwe und will seit zwei Jahren einen gewissen Lippold heiraten, einen hübschen, ordentlichen Menschen. Er ist bei der Post. Aber das Kind lässt es einfach nicht zu. Wenn Lippold zu Besuch ist, heult und schreit es so lange, bis der Mann wieder geht. Die beiden Leute sind verzweifelt und wissen nicht, was sie anfangen sollen.«

»Pony!«, rief Herr Nieritz. Und die Kleine kam, mit einem großen Stück Napfkuchen in der Hand, aus dem Nebenzimmer.

»Hast du Marlene nicht geholt?«

»Doch. Sie hat genickt. Und da bin ich wieder gegangen.«

»Ob sie noch immer bei Mercks ist?«, fragte die neue Mutter.

»Nein.«

»Wo denn? Im Keller? In den Ställen oder auf dem Heuboden?«

»Nein, auch nicht.«

»Wo denn sonst?«

»Ich möchte es nicht sagen.«

»Komm mal her!«, befahl der Vater. »Wo ist Marlene? Ich will es wissen.«

»Marlene ist … Nein, ich sag es nicht.«

»Wo?«

»Auf dem Friedhof wird sie sein. Da ist sie meistens. Mich hat sie auch schon mitgenommen.«

Die Gesellschaft saß etwas betroffen da. Der Vater senkte den Kopf und spielte an der Uhrkette.

»Es ist gut. Geh wieder hinüber«, sagte er dann, und das kleine Mädchen ging. Man hörte, wie die Kinder nebenan lachten und mit den Tassen klapperten.

Plötzlich stand die neue Frau Nieritz auf, holte ihren Hut, hob einen Nelkenstrauß aus der Vase und wickelte die Blumen in weißes Papier.

»Du willst sie holen gehen?«, fragte der Mann.

»Ja, ich hole sie. Seid mir nicht böse. Aber ich muss fort.«

»Das ist sehr schön von dir, Lisbeth«, sagte eine Schwägerin. Dann ging die Frau. Und der Freund des Hauses meinte zu Herrn Nieritz, zu so einer Gattin könne er sich gratulieren.

Sie bemerkten einander schon von weitem. Und das Kind stellte sich wie zur Verteidigung dicht hinter die Gittertür. Die Frau war sehr blass, blieb unten vor den Stufen stehen und musste das Gesicht heben, um der kleinen Stieftochter in die Augen zu sehen.

»Willst du nicht nach Hause kommen?«, fragte sie.

Marlene schüttelte, kaum spürbar, den Kopf und schwieg.

»Warum bist du mir so böse? Ist es denn so schlimm von mir, dass ich sechs Kindern, die keine Mutter mehr haben, ein bisschen helfen will? Ich weiß, dass man nur eine Mutter haben kann, und wenn die stirbt, ist man für immer mutterlos. Aber man braucht doch jemanden, Marlene!«

Die Frau setzte sich müde auf eine der Stufen, zu Füßen des Kindes, blickte auf ihren Hochzeitsstrauß und sagte: »Glaub mir, es ist noch immer besser, ich bin bei dir als gar keiner ... Siehst du, ich war doch auch einmal ein kleines Mädchen wie du. Hast du nie daran gedacht? Und mein Vater hat sich nicht wieder verheiratet, als meine Mutter starb. Ich glaube, das war noch trauriger, und ich war noch unglücklicher als du heute.«

Marlene stand ganz still hinter der sitzenden Frau und hörte zu.

»Als Kind war ich immer allein. Denn mein Vater fuhr zwar nicht nach Holstein, Belgien und Dänemark wie deiner. Weil er kein Pferdehändler war. Aber zu Hause war er trotzdem nicht. Und dann ging ich selber fort nach Hamburg und war Verkäuferin in einem Handschuhgeschäft. Sonntags ging ich mit Freundinnen spazieren, doch ich passte nicht zu ihnen. Sie waren hübscher als ich, und sie lachten immer. Geheiratet hat mich auch niemand. Dabei wollte ich so gerne Kinder haben.«

Die Frau nahm die Nelken aus dem weißen Papier und hielt den Strauß im Schoß. »Und ich wurde immer älter«, sagte sie, »und als mich dein Vater fragte, ob ich eure Mutter werden wollte, kam ich nicht deshalb, weil ihr eine Mutter braucht. Denn die ist tot. Sondern weil ich Kinder liebhaben möchte ... Du denkst, du bist allein, Marlene. Aber ich bin viel mehr allein als du.«

Die Frau saß gebückt und faltete mit großer Sorgfalt das Seidenpapier zusammen. Da stahl sich eine kleine Hand an ihr vorbei und nahm den Nelkenstrauß fort. Und als die Frau sich umdrehte, sah sie, wie Marlene die Blumen auf das Grab legte. Dann setzte das Kind ihre Puppe in den Wagen, schob das kleine Fahrzeug durch die offene Gittertür, die Stufen hinab, auf den Kies und sagte leise: »Komm, steh auf, du machst sonst dein Kleid schmutzig!«

Sie gingen nebeneinander durch die leeren Grabreihen und sprachen kein Wort. Erst auf der Straße, bei den Gärtnereien, deutete die Frau beinahe schüchtern auf den Wagen und fragte: »Wie heißt sie denn?«

»Florfina«, sagte das kleine Mädchen, »und Oswald sitzt noch auf der Stange.«

Wachtmeister Jeschke will Frau Tischbein heiraten!

An Ida Kästner, Berlin, 19. Mai 1935

[Berlin] 21.2.35

Meine Gute, zum Geburtstag wünsch ich mir nichts, als daß wir gesund beisammen sind und von niemandem für die nächste Zeit geärgert werden, damit wir schön rund und rosig aussehen. Professor Grödel ist nicht mehr in Nauheim, sondern in Amerika. Warum, kannst Du Dir denken. Das ist ein großer Verlust für den ganzen Ort. Und mein früherer Berliner Arzt schrieb mir auch von drüben. Er ist dort Universitätsprofessor geworden. Geburtstagsessen? Da weiß ich etwas ganz Neues: Makkaroni mit Schinken! Am Sonnabendmittag fahre ich hier los. Ich freu mich so! Mill Gr u IK

Dein oller Junge

[Berlin] 16.3.35

Die Tennisplätze bei Stapenhorsts werden wieder vorbereitet. Kinder, wie ich mich darauf freue! Na, und die Shorts, Dein Geburtstagsgeschenk, liegen schon ganz zapplig im Kleiderschrank. Die Son-

»Die neuen Hosen und das neue Kleid und zwei ältere Herrschaften«
(Text Kästners auf der Fotorückseite)

ne scheint herrlich. Ich werde 1/2 Stündchen spazieren gehen u mich bescheinen lassen. Frohen Sonntag! Und geh auch ins Sönnchen!

[Berlin] 21. 3. 35
So, und nun zieht Onkel Eduard die Tennissachen an. Ich bin gleich ein ganz andrer Mensch. Zehn Jahre jünger mindestens.

[Berlin] 19. Mai 35
»Rienzi« kenn ich nicht. Aber ich glaub Dir's, daß sowas, noch dazu auf einem schlechten Platz, nicht lustiger stimmt.

Daß das Einnehmen für Ischias so angreifen soll, ist ja sehr dumm. Ob du nicht doch noch zu einem Spezialisten spazierst? Hm? (…)

In diesen Tagen schreib ich grade wieder über Frau Friseuse Tischbein und Emil. Und Wachtmeister Jeschke will Frau Tischbein heiraten! Was sagst du dazu. Wollen wir unsere Einwilligung dazu geben?

Ein ernstes Gespräch

Währenddem ging die Großmutter mit Emil und Pony im Walde spazieren. Es war ein herrlicher Wald. Zwischen den Bäumen wuchsen Farnkräuter, Ginsterbüsche, Walderdbeeren, Blaubeeren, Hundsveilchen und wilde Stiefmütterchen. Und Jelängerjelieber rankte sich bis in die höchsten Baumwipfel.

Pony war weit zurück und pflückte Blumen.

»Hast du deiner Mutter regelmäßig geschrieben?«, fragte die Großmutter.

»Aber selbstverständlich! Sie schreibt mir doch auch einen Tag um den andern.«

Sie setzten sich ins Gras. Auf einem Birkenzweig schaukelte sich eine Goldammer. Und auf dem Weg spazierten Bachstelzen geschäftig hin und her. »Ich habe deiner Mutter übrigens auch geschrieben«, sagte die Großmutter. »Aus Kopenhagen.« Sie schaute einem Pfauenauge zu, das auf einem Grashalm die Flügel ausbreitete und fortflog. »Wie gefällt dir eigentlich Oberwachtmeister Jeschke, mein Junge?«

Emil blickte erschrocken hoch. »Was weißt denn du davon?«

»Hast du etwas dagegen, dass mich meine Tochter fragt, ob sie wieder heiraten soll?«

»Es steht doch längst fest, dass sie sich heiraten.«

»Gar nichts steht fest«, erklärte die Großmutter. »Gar nichts steht fest.«

Da kam Pony Hütchen angefegt. Sie zeigte ihren Blumenstrauß und rief: »Ich glaube, ich möchte Gärtnerin werden.«

»Meinetwegen!«, sagte die Großmutter. »Meinetwegen werde du Gärtnerin! In der vorigen Woche wolltest du Krankenpflegerin werden. Vor vierzehn Tagen Drogistin. Mach nur so weiter, mein Fräulein! Nur dass du Feuerwehrmann wirst, erlaube ich nicht.«

»Es ist auch schwer, einen passenden Beruf zu finden«, meinte Pony. »Wenn ich reich wäre, würde ich Pilotin.«

»Wenn deine Großmutter Räder hätte, wäre sie ein Omnibus«, erklärte die alte Frau. »Und nun bringst du deinen Strauß in die Villa und stellst ihn in eine Vase! Hoppla, schöne Gärtnersfrau!«

Pony wollte im Wald bleiben.

»Geh los!«, rief die Großmutter. »Emil und ich haben ein ernstes Gespräch miteinander.«

»Ich schwärme für ernste Gespräche«, meinte Pony.

Die Großmutter blickte ihre Enkelin streng an.

Pony zuckte die Achseln. »Johanna geht«, zitierte sie. »Und niemals kehrt sie wieder.« So zog sie ab.

Emil saß eine ganze Weile still. Sie hörten Pony von ferne singen. Er fragte: »Wieso steht es noch nicht fest?«

»Das weiß ich nicht genau. Also, wie gefällt dir der Gendarm?«

»Ich kann nicht klagen«, meinte Emil. »Wir duzen uns schon. Heinrich heißt er mit Vornamen. Und die Hauptsache ist, dass Mutter ihn mag.«

»Stimmt«, gab die Großmutter zu. »Ich glaube aber, dass du ihr gerade das übelnimmst. Widersprich nicht! Wenn man so einen prächtigen, anhänglichen Sohn wie dich hat, braucht man keinen Mann. So denkst du.«

»Etwas Wahres ist dran«, sagte Emil. »Du drückst es nur sehr grob aus.«

»Das muss man, mein Junge. Das muss man! Wenn der eine nicht mit der Sprache heraus will, muss der andere übertreiben.«

»Mutter wird es nie erfahren«, sagte er. »Aber ich hatte mir's anders gedacht. Ich dachte, wir blieben unser Leben lang zusammen. Nur wir zwei. Aber sie hat ihn gern. Das entscheidet. Ich lasse mir bestimmt nichts anmerken.«

»Wirklich nicht?«, fragte die Großmutter. »Du solltest gelegentlich in den Spiegel gucken. Wer ein Opfer bringt, darf nicht wie ein Opferlamm aussehen. Ich bin zwar eine kurzsichtige alte Person. Aber bei deinem Gesicht braucht man nicht mal eine Brille. Eines Tages wird deine Mutter dahinterkommen. Dann wird es zu spät sein.«

Sie kramte in ihrem Pompadour und holte einen Brief und ihre

Lesebrille heraus. »Das ist ihr Brief an mich. Ich werde dir eine Stelle daraus vorlesen. Obwohl ich es nicht tun dürfte. Doch ich muss dir zeigen, wie wenig du deine Mutter kennst.« Sie setzte umständlich die Brille auf und las: »Jeschke ist ein wirklich netter, solider und guter Mann. Ich wüsste keinen außer ihm, den ich, wenn ich schon heirate, heiraten möchte. Liebe Mutter, Dir ganz allein will ich verraten, dass ich viel lieber mit Emil allein zusammenbliebe. Er hat natürlich keine Ahnung davon und wird es auch nie erfahren. Was soll ich tun? Mir kann eines Tages etwas Menschliches zustoßen. Und was würde dann aus Emil? Oder meine Einnahmen könnten kleiner werden. Im Grunde tun sie's schon. Am Markt hat ein Friseur einen neuen Laden eröffnet. Und die Geschäftsfrauen müssen zu ihm gehen, weil seine Frau bei ihnen kauft. Ich muss an die Zukunft meines Jungen denken. Es gibt nichts Wichtigeres für mich. Und ich werde Jeschke eine gute Frau sein. Das habe ich mir versprochen. Er verdient's. Aber wirklich lieb habe ich ja doch nur meinen einzigen, guten Jungen, meinen Emil.«

Die Großmutter ließ den Brief sinken. Sie blickte ernst vor sich hin und setzte langsam die Brille wieder ab.

Emil hatte die Arme um die Knie geschlungen. Er sah blass aus. Er biss die Zähne zusammen. Aber plötzlich legte er den Kopf auf die Knie und weinte.

»Ja, ja, mein Junge«, meinte die alte Frau. »Ja, ja, mein Junge.« Dann schwieg sie und ließ seinen Tränen Zeit. Nach einer Weile sagte sie: »Du hast nur sie lieb und sie nur dich. Und jeder hat den anderen aus Liebe getäuscht, und jeder hat sich trotz so viel Liebe im andern geirrt. Das kommt vor im Leben. Jawohl, das kommt vor.«

Ein Eichelhäher flog knarrend über die Wipfel.

Emil trocknete sich die Augen und sah die alte Frau an. »Ich weiß nicht mehr weiter, Großmutter! Kann ich denn zulassen, dass sie, um mir zu helfen, heiratet? Wo wir doch beide am liebsten allein blieben? Was soll ich tun?«

»Eins von beiden, mein Junge. Entweder bittest du sie, wenn du heimkommst, dass sie nicht heiraten soll. Dann werdet ihr euch um den Hals fallen. Und die Sache ist fürs Erste erledigt.«

»Oder?«

»Oder du sagst es ihr nicht! Sondern verschweigst es ihr bis übers Grab. Dann aber musst du fröhlich schweigen! Nicht mit einer Leichenbittermiene! Wozu du dich entschließt, kannst nur du selber entscheiden. Ich will dir nur noch sagen: Du wirst älter, und auch deine Mutter wird älter. Das klingt einfacher, als es dann ist. Wirst du schon in ein paar Jahren Geld für euch beide verdienen können? Und wenn du es kannst – wo wirst du's verdienen? In Neustadt? Nein, mein Junge. Eines Tages muss man fort von zu Hause. Und wer's nicht muss, der soll's trotzdem tun! Dann bleibt sie zurück. Ohne Sohn. Ohne Mann. Ganz allein. Und noch eins: Was wird, wenn du in zehn, zwölf Jahren heiratest? Eine Mutter und eine junge Frau gehören nicht unters gleiche Dach. Ich weiß das. Ich hab's erlebt. Einmal als Frau. Und einmal als Mutter.« Die Großmutter hatte Augen, als sähe sie, statt in den Wald, mitten in die Vergangenheit hinein. »Wenn sie heiratet, bringt jeder von euch beiden dem andern ein Opfer. Doch sie wird nie erfahren, dass du durch mich von ihrem Opfer weißt. Und sie wird nie erfahren, dass auch du ihr ein Opfer bringst! So wird die Last, die sie deinetwegen auf sich nimmt, leichter sein als jene, die du ihretwegen trägst. Verstehst du mich, mein Junge?«

Er nickte.

»Es ist nicht leicht«, fuhr sie fort, »ein Opfer dankbar anzunehmen, während man selber fröhlich und dem andern verborgen das größere Opfer bringt. Es ist eine Tat, die niemand sieht und keiner lobt. Aber eines Tages bringt sie dem andern Glück. Das ist ihr einziger Lohn.« Die alte Frau erhob sich. »Tu, was du willst! Das eine oder das andre. Und überleg es dir genau! Ich lasse dich jetzt allein.«

Emil sprang auf. »Ich komme mit, Großmutter! Ich weiß, was ich tue. Ich werde schweigen! Bis übers Grab.«

Die Großmutter sah ihm in die Augen. »Meinen Respekt!«, sagte sie. »Meinen Respekt! Heute bist du ein Mann geworden! Nun, wer früher als andre ein Mann wird, der bleibt's länger als die andern. – So, und nun hilf mir gefälligst über den Straßengraben!«

Das Spielzeuglied

*Antimilitaristischer Prospekt. Also Schaukelpferde, Papierhelme usw.
Davor eine junge einfache Frau.*

I.

Wer seinem Kind ein Spielzeug schenkt,
weiß vorher, was passiert:
Das Spielzeug ist, bevor man's denkt,
zerlegt und ruiniert.
Der Knabe haut und boxt und schlägt
begeistert darauf ein.
Und wenn's auch sehr viel Mühe macht:
Am Ende, am Ende,
am Ende kriegt er's klein.

Wenn das erledigt wurde, dann
beginnt der zweite Teil:
Der Knabe starrt das Spielzeug an
und wünscht sich's wieder heil!
Jedoch – was man zerbrochen hat,
bleibt läng're Zeit entzwei.

Da hilft kein Wunsch und kein Gebet.
Es hilft auch kein Geschrei.
Die Kleinen brüllen wie am Spieß
und strampeln wie noch nie.
Das Beste wär: Wir legten sie
mal gründlich, mal gründlich,
mal gründlich übers Knie.

Es ist nur so: Wir *lieben* sie.
Ihr Schmerz ist unser Schmerz.
Wir legen sie nicht übers Knie.
Wir drücken sie ans Herz.

Wir summen »Hoppe Reiter«,
auf dass ihr Leid verweht.
Ach, wär'n wir doch gescheiter!
Das geht nicht, das geht nicht,
das geht nicht mehr so weiter,
wenn das so weitergeht!

2.
Es steckt ein Kind in jedem Mann.
Ein Spielzeug ist sein Ziel.
Nur, was dabei zustande kommt,
das ist kein Kinderspiel.
Das Glück der Welt ist zart wie Glas
und gar nicht sehr gesund.
Doch wenn die Welt aus Eisen wär –
die Männer, die Männer,
sie richten sie zugrund!

Wenn das erledigt wurde, dann
beginnt der zweite Teil:
Die Mannswelt starrt ihr Spielzeug an
und wünscht sich's wieder heil!
Jedoch – was man zerbrochen hat,
bleibt läng're Zeit entzwei.
Da hilft kein Wunsch und kein Gebet.
Da hilft auch kein Geschrei.
Und keiner will's gewesen sein,
nicht du, nicht der, nicht die!
Das Beste wär: Wir legten sie
mal gründlich, mal gründlich,
mal gründlich übers Knie.

Es ist nur so: Wir *lieben* sie.
Ihr Schmerz ist unser Schmerz.
Wir legen sie nicht übers Knie.
Wir drücken sie ans Herz.

Sie werden nicht gescheiter,
solang ein Rest noch steht …
Diesmal war's ein Gefreiter …
Das geht nicht, das geht nicht,
das geht nicht mehr so weiter,
wenn das so weitergeht!

Die Zeit ist viel zu groß

Große Zeiten

Die Zeit ist viel zu groß, so groß ist sie.
Sie wächst zu rasch. Es wird ihr schlecht bekommen.
Man nimmt ihr täglich Maß und denkt beklommen:
So groß wie heute war die Zeit noch nie.

Sie wuchs. Sie wächst. Schon geht sie aus den Fugen.
Was tut der Mensch dagegen? Er ist gut.
Rings in den Wasserköpfen steigt die Flut.
Und Ebbe wird es im Gehirn der Klugen.

Der Optimistfink schlägt im Blätterwald.
Die guten Leute, die ihm Futter gaben,
sind glücklich, dass sie einen Vogel haben.
Der Zukunft werden sacht die Füße kalt.

Wer warnen will, den straft man mit Verachtung.
Die Dummheit wurde zur Epidemie.
So groß wie heute war die Zeit noch nie.
Ein Volk versinkt in geistiger Umnachtung.

Das Blaue Buch: Gänsebraten aus Dresden

5.9.43

Das Theater am Kurfürstendamm hat vorgestern den dritten Schlag erlebt. Ein abstürzendes Flugzeug ist hineingepurzelt. – Dieser dritte Großangriff verlief anders als die beiden ersten. Er konzentrierte sich nicht auf einzelne Stadtrichtungen und -viertel, sondern lud möglichst überall etwas ab. Siemensstadt, Gegend Nordhafen sollen besonders schwer erwischt worden sein. – Über Wannsee und Babelsberg spielten sich gewaltige Kanonaden ab. Herrn Stückraths Haus wackelte mit dem Kopfe.

Gestern sind die Engländer gegenüber von Messina in Italien gelandet, also dort, wo jeder Schulanfänger es hätte vermuten müssen. (...)

9.9.43

Weil am 1.9. Geflügelzählung anberaumt worden war, hat die deutsche Bauernschaft, diese Blüte der Nation, ihr Geflügel in Massen abgeschlachtet und auf den schwarzen Markt geworfen. Vorige Woche hatten wir zwei Enten, diese Woche zwei Gänse. Letztere brachte meine Mutter heute aus Dresden in gut gebratenem Zustand per Eisenbahn nach Berlin. Die Soße, meinte sie, hatte sie nicht verpacken und heil mitschicken können. Deswegen sei sie gekommen! Nun schläft sie oben in Stückraths Kinderzimmer. Ich sitze im Musikzimmer, schreibe am Tagebuch und habe große Angst, es könne Alarm geben. Denn die Schäden der früheren Alarme hat sie, kaum um sich blickend, weniger bemerkt, als sie einen neuen Alarm hören würde.

Das wäre nicht gut für ihre Fantasie, wenn sie dann wieder in Dresden wäre und von weiteren Angriffen läse.

Mama bringt die Wäsche
Aus Berliner Tagebuchblättern

17. I. 1944

Vorgestern nacht war nun also meine Wohnung an der Reihe. Ein paar Kanister »via airmail« eingeführten Phosphors aufs Dach, und es ging wie das Brezelbacken. Geschwindigkeit ist keine Hexerei. Dreitausend Bücher, acht Anzüge, einige Manuskripte, sämtliche Möbel, zwei Schreibmaschinen, Erinnerungen in jeder Größe und mancher Haarfarbe, die Koffer, die Hüte, die Leitzordner, die knochenharte Dauerwurst in der Speisekammer, die Zahnbürste, die Chrysanthemen in der Vase und das Telegramm auf dem Schreibtisch: »ankomme 16. früh anhalter bahnhof bringe weil paketsperre frische wäsche persönlich muttchen.« Wenigstens einer der Schreibmaschinen wollte ich das Leben retten. Leider sausten mir schon im dritten Stock brennende Balken entgegen. Der Klügere gibt nach.

Hinterher ist einem seltsam leicht zumute. Als habe sich das spezifische Gewicht verändert. Für solidere Naturen bestimmt ein abscheuliches Gefühl. Nicht an die Güter hänge dein Herz! Die Bücher werden mir am meisten fehlen. Einige Briefe. Ein paar Fotos. Sonst? Empfindungen wie: »Jetzt geh ich heim, leg mich auf die Couch, guck in den Kronleuchter, denk an fast gar nichts, lauf nicht ans Telefon und nicht an die Tür, wenn's läutet, bin so allein, daß die Tapete Gänsehaut kriegt …« Damit ist's aus. Für Jahrzehnte. Und dann die Bettwäsche, die Oberhemden, die gestickten Taschentücher, die Krawatten, die mir Mutter allweihnachtlich schenkte. Die stolze Schenkfreude, die sie nach jeder großen Wäsche immer wieder neu hineingeplättet hat. Das ist nun mitverbrannt. Ich glaubte, dergleichen könne gar nicht verbrennen. Man muß, ehe man mitreden kann, alles erst am eignen Leib erfahren. Oder an der eignen Leibwäsche. Na ja.

Den Schlüssel hab ich noch. Wohnung ohne Schlüssel ist ärgerlich. Schlüssel ohne Wohnung ist geradezu albern. Ich wollte die Dinger wegwerfen. In eine passende Ruine. Und ich bring's nicht fertig! Mir wär's, als würfe ich frisches Brot auf den Müll. Welch unsinnige Hemmung Schlüsseln gegenüber, die wohnungslos geworden sind! Trotzdem ist es so. Non scholae sed vitae discimus.

Wenn wenigstens die Mama nicht gekommen wäre! Seit den ersten Angriffen auf Berlin hatte ich ihre Besuche hintertrieben. Zuweilen mit wilden Ausreden. Wozu ihre Besorgnisse durch den Augenschein noch steigern? Ein paarmal war sie richtig böse geworden. Ich hatte es hingenommen. Und nun rückte sie mit dem Wäschekarton an! Ausgerechnet in dem Augenblick, in dem mir die Engländer die Wohnung gekündigt hatten. Die Stadt brannte noch. Das Verkehrsnetz war zerrissen. Die Feuerwehr stand unrasiert und übernächtigt vor züngelnden Fassaden. In der Roscherstraße war kein Durchkommen. Möbel lehnten und lagen naß, schief und schmutzig im Rinnstein. An den Ecken wurden heißer Kaffee und Klappstullen verteilt.

Was half's? Ich zog also gestern im Morgengrauen zum Bahnhof Charlottenburg. Natürlich gesperrt. Zum Bahnhof Zoo. Gesperrt. Zu Fuß an den schimmelfarbigen Flaktürmen vorbei zum Bahnhof

Ida Kästner, Anfang der 40er-Jahre

Tiergarten. Die Stadtbahn fuhr. Bis Lehrter Bahnhof. Alles aussteigen. Pendelverkehr bis Friedrichstraße. Umsteigen. Anhalter Bahnhof. Gesperrt. Wo kommen die Züge aus Dresden an? Am Görlitzer Bahnhof. Ankunftszeiten? Achselzukken. Als ich im Görlitzer Bahnhof einpassierte, war ich genau drei Stunden unterwegs. Der Schnellzug aus Dresden. Vielleicht gegen zehn Uhr. Vielleicht auch gegen elf. Ich stellte mich an die Sperre und wich nicht von der Stelle, bis, nach endlosem Warten, der Zug einlief. Er hatte irgendwo bei Berlin auf freier Strecke halten müssen.

Die Reisenden sahen blaß und nervös aus. Den Qualm über der Stadt hatten sie von weitem ausgiebig beobachten können. Ängstlich suchten ihre Augen nach den Angehörigen hinter der Sperre. Was alles war in der Neuzeit über Nacht möglich, wer weiß, schwerer Angriff auf die Reichshauptstadt, noch jetzt von den Bränden bonbonrosa angehauchte Rußwolken überm Dächermeer, die lächerlichen Luftschutzkeller, mit den Fenstern halb überm Gehsteig, die Gas- und Wasserröhren in Kopfhöhe, rasch tritt der Tod den Menschen an. Siemensstadt soll auch wieder drangewesen sein, und wenn Paula erst einmal schläft, kann man neben dem Bett Kanonenkugeln abschießen, sie hört nichts, dann das Kind anziehen, der Rucksack, der schwere Koffer, der verfluchte Krieg. Ley hat eine Bar im Bunker, wo hab ich eigentlich die Fahrkarte. Mensch, gib gefälligst mit deiner dämlichen Kiste Obacht, und bitte, lieber Gott, laß ihnen nichts passiert sein …

Da entdeckte ich die Mama. Mit dem Wäschekarton an der Hand. Ich winkte. Sie sah unverwandt geradeaus. Ich rief. Winkte. Rief. Jetzt bemerkte sie mich. Lächelte verstört. Nickte mehrmals. Ging hastig auf die Sperre zu und hielt dem Beamten steif die Fahrkarte entgegen.

Noch während wir in der dröhnenden Bahnhofshalle standen, berichtete ich ihr, was geschehen war. Die Wohnung sei verbrannt. Das gesamte Gartenhaus. Das Vorderhaus. Die Seitengebäude. Auch andere Häuser in der Straße. In den Straßen ringsum. In anderen Vierteln. Berlin eigne sich heute ganz und gar nicht für Mütter über siebzig. »Weißt du was«, sagte ich, »wir bleiben hier in der Nähe, essen in einer Kneipe zu Mittag, unterhalten uns gemütlich, – und mit dem ersten Nachmittagszug fährst du zurück. Es wird zeitig dunkel. Am Ende gibt's wieder Alarm. Vielleicht auch nicht; denn seit sie meine Wohnung erwischt haben, hat Berlin für sie enorm an Reiz eingebüßt. Trotzdem …« Ich lachte ziemlich künstlich.

Da fragte sie leise: »Die Teppiche auch?«

Mir verschlug's den Atem.

»Und das neue Plumeau?«

Ich erklärte ihr noch einmal und so behutsam, wie eine Bahnhofshalle es zuläßt, daß das Feuer keine Ausnahme gemacht habe. Die Teppiche seien fort, das neue Plumeau von Thiels aus der Prager Straße, das Klavier, auf dem ich als Kind die Dur- und Molltonarten geübt hätte, die Möbel aus den Deutschen Werkstätten, die Cottasche Goethe-Jubiläumsausgabe, das Zwiebelmuster, die dünnstieligen

Weingläser, die Badewanne, die Tüllvorhänge, der Liegestuhl samt dem Balkon …

»Komm!«, sagte sie, »ich muß die Wohnung sehen!« Es gelang ihr noch nicht, die vier Zimmer aus der Welt wegzudenken. Sie lief auf die Straße. War nicht zu halten. Wir fuhren. Stiegen aus. Stiegen um. U-Bahn. Stadtbahn. Ab Tiergarten pendelte ein Omnibus. An einer Station kam ich mit der einen Hand und dem Wäschekarton nicht ins Abteil. Der Rest war längst im Wagen. Die Leute rührten sich nicht. Ich mußte sehr laut werden, bis ich meine Hand und den Karton wieder hatte. Die Mama stand oder saß, je nachdem, und starrte ins Leere. Tränen liefen über ihr Gesicht wie über eine Maske.

Zwei Stunden dauerte es diesmal bis Charlottenburg. Vom Bahnhof aus steuerte sie den von früher her gewohnten Weg, kaum daß ich Schritt halten konnte. Der Zugang durch die Sybelstraße war abgeriegelt. Also Dahlmannstraße, Kurfürstendamm, Küstriner Straße. Über Stock und Stein, über Stuck und Stein. Auch hier ging's plötzlich nicht weiter. Trümmer, Qualm, Feuerwehr, Einsturzgefahr, es hatte keinen Zweck. Noch ein paar Schritte. Aus. Die Räume überm Haustor waren heruntergesackt. Der Schutt versperrte den Blick in den Hof. Der Sargdeckel war zugeklappt. Die Mama blickte ratlos um sich. Dann packte sie meinen Arm und sagte: »Bring mich zurück.«

Wieder zwei Stunden Fahrt. Unheimliches Gedränge. Autobus, Stadtbahn, U-Bahn, aussteigen, pendeln, umsteigen. Meine Befürchtung, der Anblick solcher Ruinenfelder wie etwa des Hansaviertels werde ihr Herz meinethalben mit neuer, stärkerer Angst erfüllen, erwies sich als unbegründet. Sie sah auch jetzt nicht links noch rechts. Wahrscheinlich schaute sie in den großen Wäscheschrank aus hellgrünem

Schleiflack. In das Fach mit den Überschlaglaken, Betttüchern und Kopfkissenbezügen. In das Fach mit den sorgfältig gestapelten Oberhemden. In die Schachteln mit den exakt gefalteten Taschentüchern. Auf die säuberlich geschichteten Frottiertücher, Handtücher und Wischtücher.

Da waren auch noch die zwei nagelneuen Kamelhaardecken. Von Salzmanns. Und der dunkelblaue Bademantel vom Geburtstag vor zwei Jahren. Und das Silber. Für zwölf Personen. Stück um Stück nacheinander gekauft. Mein Junge, wissen Sie, hat eine Aussteuer wie ein heiratsfähiges Mädchen. Und jedes Jahr schenk ich ihm etwas hinzu. Ja, selbstverdient, natürlich. Dreiundsiebzig werd ich im April. Aber wenn ich ihm nichts mehr schenken könnte, würde mir das Leben keinen Spaß mehr machen. Er sagt zwar jedesmal, nun müßte ich endlich mit Arbeiten aufhören. Doch das laß ich mir nicht nehmen. Schriftsteller ist er. Er darf aber nicht schreiben. Seine Bücher hat man verbrannt. Und nun die Wohnung ...

Als der Schnellzug anrückte, dunkelte es bereits. Ich lief eine Weile nebenher und winkte. Sie biß sich auf die Lippen und versuchte zu lächeln.

Dann fuhr ich wieder nach Charlottenburg. Neun Stunden war ich insgesamt in Berlin herumgegondelt. Am Mantel fehlten zwei Knöpfe. Als ich am Stuttgarter Platz aus dem Omnibus kletterte, sagte jemand: »Es wird gleich Voralarm geben!« Da fing ich zu laufen an. Manchmal schlug mir der Wäschekarton gegen die Beine. In der Ferne heulte die erste Sirene. Das mußte Grunewald sein.

Solange die Post funktioniert, geht's ja ...

An Ida Kästner, Berlin, 31. Januar 1945

[Berlin] 23. 1. 45
Mein liebes, gutes Muttchen Du!

Nun wollte ich Dir grade heute ein Briefchen schreiben – da steht in der Zeitung, daß man nur noch Kärtchen schicken darf. So was Dummes! Über Pakete gibt es auch neue Einschränkungsbestimmungen. Ich bin noch nicht ganz schlau draus geworden. (…)

[Berlin] 24. 1. 45
Vielen Dank für Dein Briefchen vom 22. Januar. Da kam erst meine Karte vom 18. an? Nun dürfen wir einander nicht mal mehr Briefe schreiben! Das sind Zeiten! – Beim Volkssturm war gestern abend nichts Besonderes los. Nach einer Stunde waren wir wieder draußen. Sag mal – Du darfst nun nicht mehr mit Gas kochen? Wir dürfen, weil wir ja weder Herd noch Kohlen haben. So, den Friedhof am Bischofsplatz dahinter hat's getroffen? Sehr traurig. Aber wenn's Lebende trifft, ist es noch schlimmer. (…) Geht's Euch einigermaßen gut? Übers Wochenende sind wir in Ketzin. Da freuen wir uns drauf.

[Berlin] 25. 1. 45
Ja, die Lage ist kritisch. Da wollen wir mal die Daumen halten. Reisen kann man auch nur noch 75 km, und von Berlin bis Dresden ist 180 km. Nun, wenn die Lage sich bessern sollte, werden die Bestimmungen auch wieder etwas gelockert werden. Lottchen arbeitet nur noch drei Tage pro Woche. Wegen Kohlenersparnis. (…) Winkewinke, meine Gute!

[Berlin] 31.1.45

Vielen Dank für Brief und Kärtchen vom 29. und den Brief vom 30., der auch vorhin ankam. Das ging schnell. (...) – So, so, Frau Bürgers Bromberger sind eingetroffen? Wir können hier ja nicht so ohne weiteres weg. Wir bekämen keine Reiseerlaubnis. Außerdem gehöre ich ja zum Volkssturm, wenn auch zum allerletzten Aufgebot. Aber vielleicht wird man eines Tages doch gebraucht. Für Schreibstube oder so was. Und da muß man eben hübsch dableiben. Solange die Post funktioniert, geht's ja auch. Da wissen wir ja stets übereinander Bescheid, nicht?

Das Blaue Buch: Angriff auf Dresden

Berlin

14.2.45

Gestern Nacht und heute Mittag schwere Angriffe auf Dresden. Telefonverbindungen unterbrochen. Reisesperre. Wann werde ich erfahren, wie es den Eltern geht? Scheußliche Situation, wenn man am Rundfunk sitzt, die »Quadratelse« studiert und erfährt, wie die »Bomberströme« sich immer dichter an »Martha Heinrich« heranbewegen und dann in diesem Raum »kurven« und schließlich nach Südwesten wieder abfliegen. Eine Stunde flogen sie heute Nacht über Dresden weg, ein Bomberverband nach dem anderen. Es nahm, für mein Empfinden, kein Ende.

15.2.45

Heute Mittag der vierte Großangriff auf Sachsen-Mitte, besonders auf Dresden. Wir mussten, weil ein Teil nördlich abschwenkte, auch in den Keller. – Zu denken, dass die beiden alten Leute womöglich schon ohne Wohnung im Keller hocken, dass die Mama die beiden Manuskripttaschen trotz Tod und Teufeln eisern umklammert hält, macht mich geradezu krank. (…)

22.2.45

Noch immer keine Nachricht aus Dresden. Auch nicht aus Döbeln, wohin ich depeschiert habe. Auch nicht von dem aus Dresden zurückerwarteten Kurier, den Orthmann mit dem Einziehen von Erkundigungen beauftragt hat. (…) Und ich kann nicht hinüber, weil ich keine Reiseerlaubnis bekäme. Erst muss man Unterlagen über wirkliche Schäden der Angehörigen vorlegen können. Mein Gott, was kann sich seit dem 15. Februar in Dresden alles ereignet haben!

27.2.45

Am Morgen des 23., zu meinem Geburtstag, kam endlich Nachricht aus Dresden. Zwei Briefe und zwei Karten auf einen Rutsch. Das war ein Geburtstagsgeschenk! Es muss, auch in der Gegend der Eltern, viel passiert sein. In ihrer Wohnung Glasbruch und alles voller Ruß. Sie schlafen im Korridor; Mama auf dem Sofa, Papa auf zusammengesetzten Stühlen. Sie holen das Essen im Löwenbräu. Im Übrigen frieren sie, was das Zeug hält. Koffer, Bettbündel usw. stehen im Keller auf dem Handwagen. Mit diesem Handwagen standen die Ärmsten nach dem einen Alarm die ganze Nacht im Hausflur gegenüber, bei Richard Naumann. Warum, weiß ich noch nicht. Ob es in unserem Haus gebrannt hat? – Orthmanns Kurier brachte am Abend entsprechend beruhigende Nachrichten. – Tante Linas Villa ist restlos ausgebrannt. Die Bank am Albertplatz ist verschwunden. Der Fleischermeister Tischer und der Kolonialwarenhändler Kletsch sind auch ausgebombt.

2.3.45

Heute Morgen erwartete alles einen Großangriff auf Berlin. Aber vor Potsdam bogen die Verbände nach Süden ab und griffen wieder Dresden und Chemnitz an. Nun heißt es von neuem: Mindestens zehn Tage warten, bis Nachricht kommt.

3.3.45

Ein Urlauber aus Dresden erzählte, in der Marschallstraße hätten die Leichen noch vorige Woche auf der Straße gelegen. Er ist bei der Luftwaffe und behauptet, allein in der Altstadt habe es zweihunderttausend Tote gegeben. Das hat Herr Mutschmann mit seinen intelligenten Löschteichen angerichtet. Immer schon murrten die Dresdener und sagten, man solle lieber Bunker bauen. Die Schützenkaserne am Alaunplatz ist auch verschwunden. – Die letzte Post aus Dresden war vom 23. Februar datiert.

5.3.45

Es zeigt sich immer deutlicher, dass trotz aller Eisenbahnschwierigkeiten viele Menschen türmen. Sie gehören natürlich, denn wer hat sonst Autos zu Freunden, den höheren Schichten an. Willy Mattes ist mit Genehmigung des Ministers bei Zarah Leander in Stockholm und soll (…) den Journalisten erklärt haben, er bleibe nun in Schweden, da er nicht als Volkssturmmann gegen seine österreichischen Freunde von der Freiheitsbewegung kämpfen wolle. Ich bestaune immer wieder den Mut solcher Menschen, den sie für ihre Angehörigen aufbringen. Mattes' Eltern werden allerlei zu spüren bekommen. (…)

Eben erzählt Fräulein Mechnig, was ihr jemand erzählt hat, der am Freitag nach dem schweren Angriff durch Dresden marschieren musste: Diesmal sei nun die Neustadt, die bisher zu 40 % ausgeschaltet worden sei, fertiggemacht worden. Das Herz konnte einem stillstehen. Da fliegen nun die »Bomberströme« über eine Stunde quer durch Deutschland, bis sie nach Dresden kommen! Kein einziger Flieger versperrt ihnen den Weg!

7. 3. 45

Endlich wieder gute Post aus Dresden! Beim Angriff am 2. März mittags seien nur die Pappen wieder aus den Fenstern gefallen. Kein Licht und kein Wasser! Die Ärmsten! Am 13./14. Februar hatte der kleine niedrige Anbau im Hof gebrannt und nebenan das Hinterhaus von Klotz. Weil man befürchtete, das Feuer könne übergreifen, fuhren die Eltern mit dem bepackten Handwagen zu Naumanns in den Hausflur.

Mayrhofen, Tirol

17. 4. 45

Die nord-süddeutsche Taille wird immer wespenartiger: In Halle an der Saale wird gekämpft. Panzerspitzen sind bei Chemnitz. (…) Wien scheint gefallen zu sein. Die Elbe ist bei Magdeburg und Wittenberge überschritten. Bremen wird belagert. Auf Hamburg marschieren die englischen Spitzen zu. (…)

Vorhin ist Post gekommen. Aus Berlin vom 4. April; und aus

Dresden vom 7. April. Das ist die erste Post von Mama, direkt nach hier. Wahrscheinlich über Prag; denn die anderen Strecken funktionieren doch nicht mehr.

19.4.45

Eine unwahrscheinliche Situation: Bergfrühling und Flüchtlinge, die auf dem Heuboden schlafen; Maikäferepidemie und Flugzeuggeschwader, die man aus den Wolken aufblinken sieht; in der Ferne donnern die Reihenwürfe; Blusentausch gegen Brotmarken, Sträuße pflücken, Brennnesseln sammeln für Gemüse; Schnapsgelage und zigarettenlose Zeit; Sommerfrische und Untergang des Abendlandes!

21.4.45

Um Leipzig und Dresden wird gleicherweise gekämpft; dort sind's die Amerikaner, hier die Russen. Vor zehn Tagen schickte Muttchen noch Post ab, und nun?

26.4.45

Eben meldet der Rundfunk, Pankow sei zurückerobert worden. Und Doktor Goebbels habe in einem lobenden Aufruf an die Berliner Bevölkerung erklärt, Berlin werde überhaupt wieder freigekämpft werden. (…) Gestern wurden die Verluste von Babelsberg, Nauen und Ketzin gemeldet. Meine Bücher und Lottchens Möbel! Charlottenburg ist wohl noch zu haben. (…)

Dresden scheint noch immer frei zu sein. Die Amerikaner und die Russen sind beide ganz dicht, aber man greift nicht an. Es scheint sogar, dass die Russen bei Kamenz und Königsbrück etwas zurückgeworfen worden sind. (…)

7. 5. 45

Aus Italien kommen immer noch Soldaten herunter. Jenseits der Pässe sollen noch, heißt es, viele Verwundete und Kranke liegen geblieben sein; irgendwo an der Bergstraße. – Manche aus der Bevölkerung laufen den Zillergrund hinauf, um Gepäck tragen zu helfen. Am Weg liegen Kokarden, Ordensbänder usw. (…)

Die Geschäfte haben heute fast alle geschlossen. Ausverkauft. Von den Amerikanern meldet sich auch niemand. Alle laufen sehr betreten herum. (…)

Es kribbelt in mir. Am liebsten packte ich den Rucksack und liefe los. Ein Marsch von achthundert Kilometern? Jeden Tag vierzig, das dauerte drei Wochen. Vielleicht bekäme man unterwegs manchmal Mitfahrgelegenheiten? Aber Lottchen wird nicht wollen.

8. 5. 45

Jodl hat die deutsche Kapitulation unterschrieben; in Reims. Die Siegesfeiern im Rundfunk vermitteln ein schwaches Bild von dem wirklichen Jubel, der überall herrscht. Außer in Deutschland. Alle sind stolz, was sie geleistet haben. In fünf Kriegsjahren. Sie wissen nicht, was in zwölf Jahren anständige Menschen in Deutschland geleistet haben. Am anständigsten war die deutsche Sendung aus Paris; sie war die menschlichste. Die unerfreulichste war die österreichische über Radio Vorarlberg; sie teilte mit, dass Österreich völlig unschuldig sei und dass sie das Schicksal des Altreichs in keiner Weise interessiere. Österreich habe bessere Freunde an anderen Grenzen. Nun ja, die Überheblichkeit und die Unaufrichtigkeit feiern Triumphe.

Russland hat anscheinend an den Feierlichkeiten nicht teilgenommen, sondern die Einnahme Dresdens gemeldet.

Ein Brief aus Tirol

7. Juli 45
Mayrhofen

Mein liebes, gutes Mütterlein Du!
Lieber Papa!

Wenn ich bloß wüßte, wie es Euch geht! Ich hoffe so sehr, daß Ihr gesund seid und die Wohnung noch habt! Gott sei Dank ist Dresden nicht umkämpft worden, aber in so bösen Zeiten kann so viel passieren! Dein letztes Briefchen, das mich hier erreichte, war vom 10. April. Da war später ja noch wohl ein im Wehrmachtsbericht genannter Luftangriff auf Dresden, am 17. April. Aber ich denke Tag und Nacht daran, daß uns das Schicksal vorbestimmt haben möge, daß wir einander so bald wie möglich und so gesund und munter, wie es geht, wiedersehen! — Zur Zeit kann ich noch nicht nach Hause kommen; erst läßt man die Millionen Soldaten heim, die entlassen worden sind, ehe die älteren Zivilisten, wie ich einer bin, so weite Reisen er

lauft Kriegen.- Uns ist es in der ganzen Zeit
hier sehr gut gegangen. Im April wollte man
uns noch nach Südtirol in den Volkssturm
stecken; aber das unterblieb dann. Seit Mai
sind Amerikaner hier, und übermorgen kommen
statt dessen Franzosen als Besatzung. Deswegen
wollen Lotchen und ich morgen nach Bayern,
und zwar zunächst nach Schliersee Bayern,
Unterleiten 6, bei Endele. Das ist Lotchens
Schwester, die dort seit vorigen Herbst wohnt.
Vielleicht können wir eine Zeit dort bleiben.
Ich soll nämlich in München an einer Zeitung
mitarbeiten, die gegründet werden soll. Auch
für ein Kabarett schreiben. Usw. Und die
Amerikaner in München haben mich hier
deswegen schon ein paarmal besucht. Gelegentlich will ich ja auch wieder etwas Geld
verdienen. Zunächst hab ich aber noch
welches. Hast Du für Erich von der Spar-
kasse oder Bank welches abgeholt?

Lied einer alten Frau am Briefkasten

I.

Nun hat der Tod den Stahlhelm abgenommen
und geht vergnügt im Strohhut über Land.
Er hat das Stundenglas still in der Hand.
Schon ist es Herbst. Bald wird der Winter kommen.
Im Stundenglas rinnt Sand … rinnt Sand … rinnt Sand …

O Tod, sei gut! Lass mich noch hier!
Und lass mir meinen Schmerz!
Die Sehnsucht ist ein wildes Tier
und beißt mich nachts ins Herz.
Klopft's in der Brust? Klopft's an der Tür?
Ich habe nichts gehört von dir
seit März, mein Kind, seit März!

Der Kasten für die Briefe
steht da, als ob er schliefe.
Er tut das nur zum Schein.
Mir ist, als ob er riefe:
»Schreib Briefe, schnell, schreib Briefe!
Komm rasch und wirf sie ein!«

2.

Die Fensterhöhlen gleichen alten Rahmen,
und Mond und Sterne sind die Bilder drin.
Oft schau ich hoch, die Hände unterm Kinn.
Dann bück ich mich und schreibe deinen Namen,
weil ich, nur wenn ich schreib, lebendig bin.

O Tod, sei gut! Lass mich noch hier!
Brich mir noch nicht das Herz!
Ich hab noch etwas Briefpapier
und auch ein paar Kuverts.
Sie lassen dich nicht her zu mir?
Ich bücke mich und schreibe dir
vor Schmerz, mein Kind, vor Schmerz!

So bring ich täglich Briefe
und senk sie in die Tiefe.
Ich schreib, wie andre schrein!
Mir ist, als ob es riefe:
»Schreib Briefe, schnell, schreib Briefe!
Komm rasch, und wirf sie ein!«

3.

Zu unsern Häupten stehn die gleichen Sterne.
Und wir sind doch getrennt und doch verbannt.
Ein großer dunkler Vorhang teilt das Land.
So nah, mein Kind, sind wir uns doch so ferne!
Und durch das Stundenglas rinnt Sand ... rinnt Sand ...

O Tod, sei gut, und winke mir
jetzt noch nicht himmelwärts!
Ich bitte dich: Lass mich noch hier!
Brich mir noch nicht das Herz!
Klopft's in der Brust? Klopft's an der Tür?
Ich habe nichts gehört von dir
seit März, mein Kind, seit März!

Die Sehnsucht schickt dir Briefe,
als ob ich selber liefe,
um dir recht nah zu sein.
Wenn mich der Tod jetzt riefe –
wer schriebe dir dann Briefe
und würfe sie hier ein?

Sobald es geht, komm ich zu Besuch

An Ida Kästner, München, 27. Januar 1946

[München] 27. 1. 46

Mein liebes, gutes Muttchen Du!

Heute kamen zwei Briefchen von Dir an. Einer vom 18. und einer vom 14./15. Januar, mit einer Theaterkritik vom »Lebenslänglichen Kind«. Hab recht schönen Dank, meine Allerbeste! Und ich freu mich so, daß schon ein paar Päckchen angekommen sind. (…)

Daß das Brot so knapp ist, tut mir so schrecklich leid. Wenn man welches schickt, kommt es doch hart an! Lottchen sagt, wir wollten immer mal ein Pfund Mehl schicken. Bekommst Du da vom Bäcker Brot dafür? Oder Mehlsuppe draus machen? Es ist, um vor Wut die Wände hochzulaufen, meine Liebe! (…)

Wenn jetzt Einnahmen in Berlin sind, laß ich das Geld an Dich schicken. Denn ich verdiene hier genug, und von Berlin nach München kann ja außerdem Geld nicht geschickt werden. Etwas mag &Co behalten. Bei denen wird das Geld ja auch knapp. Und das Meiste soll an Dich gehen. Ja, wenn nur der Winter bald vorbei wäre! (…)

Und sobald es geht, komm ich zu Besuch, meine liebe gute Mutti! Du weißt doch, wie gerne ich käme! Aber es ist verboten, und von denen, die's versuchen, werden viele unterwegs festgenommen, und dann hört man lange nichts mehr von ihnen. Das wäre ja nun auch nicht gerade hübsch. Sobald es möglich ist, komm ich an. Das weißt Du doch. Ich hab ja auch so Sehnsucht. Und ich möchte mich so gründlich um alles kümmern. Man darf eben nur noch nicht. Und solange müssen wir uns noch gedulden und die Zähne zusammenbeißen und gesund bleiben, so gut es irgend geht. Es wird bestimmt bald alles erleichtert werden. Wenn's nur schon soweit wäre! (…)

Nur ein bißchen warten müssen wir noch und zäh bleiben wie Schuhsohlen. (…)

Nun muß ich aber lossausen. In die Zeitung. Winkewinke, meine Allerbeste! Eine Fotografie lege ich bei. Nächstens schick ich wieder eine. Mill Gr u Küßchen

von Deinem ollen Jungen

Viele Gr an Papa

Ida Kästner, 1945/46

Mein lieber guter Erich!
ich schicke Dir heute doch
Ein Bildchen von mir
mit. Wirst Du Dich darüber
freuen ich immer bei Dir
bin. Und wann werden
wir uns wieder sehen?
Denn ich möchte Dich auch
auf einem Bildchen hier
haben. Da ist man nicht
so allein
Das hübscheste Kleidchen
habe ich an und einen
schönen Ring habe ich auch.
Den schenke ich Dir, wenn Du
mal heim kommst. Viel herzlich

Rückseitentext Foto

[München] 13.7.46

Ich habe neulich einen Interzonen-Paß beantragt und hoffe, daß ich ihn bewilligt bekomme. Dann könnte ich bequem und ohne die ewige Bettelei reisen. Hoffentlich klappt es.

[München] 27.7.46

Morgen geb ich ein Interview für den Londoner Rundfunk. Und Brooks, mein alter Londoner Übersetzer, hat mir geschrieben, ich solle bald mal nach England kommen und den dortigen deutschen Kriegsgefangenen Vorträge halten. Nun, die Neue Zeitung ist daran sehr interessiert. Und sie wollen sehen, ob es möglich ist. Interessant wäre es ja! Aber ich käme tausendmal lieber nach Hause zu Muttchen und Papa. Denn ob ich nun ein bißchen früher oder später wieder ins Ausland reisen kann, ist mir, außer wegen der Neuen Zeitung, ziemlich egal. Aber nach Dresden will ich. Das ist mir das Wichtigste. Und gerade das ist so kompliziert!

[München] 13.8.46

Mit Berlin wird's wohl bald klappen. Prof. Dr. Will Grohmann, ein ehemaliger Lehrer vom König Georg-Gymnasium, war vorgestern in München. Er reist mit Erlaubnis hier herum, um für die Große Dresdner Kunstausstellung Bilder zu holen. Er kann mich, wenn ich in Berlin bin, vielleicht im Auto nach Dresden holen lassen. Das wäre ja sehr bequem. (...)

Sobald das mit Berlin klappt, laß ich Dir von München ein Telegramm schicken, daß ich abgefahren sei. Und von Berlin aus schick ich vielleicht noch eins. Damit Ihr wißt, daß ich unterwegs bin u alles versuchen werde, ein paar Tage heimzukommen.

Wegen des Hauses darfst Du Dich nicht nervös machen, gelt? Ihr werdet unsere alte, nette Wohnung schon behalten dürfen. Das wäre ja noch hübscher! Nun noch ein Foto beilegen. Dann: winkewinke und alles, alles Gute für Euch!

... und dann fuhr ich nach Dresden

Während Dresden in den Abendstunden des 13. Februars 1945 zerstört wurde, saß ich in einem Berliner Luftschutzkeller, blickte auf die abgegriffene Blaupause einer Planquadratkarte von Deutschland, hörte den Mikrophonhelden des »Gefechtsstands Berlin« von feindlichen Bomberströmen reden und begriff, mittels der von ihm heruntergebeteten Planziffern, dass meine Vaterstadt soeben zugrunde ging. In einem Keller jener Stadt saßen meine Eltern ...

Am nächsten Morgen hetzte ich zum Bahnhof. Nein, es herrsche

Reisesperre. Ohne die Befürwortung einer amtlichen Stelle dürfe niemand die Reichshauptstadt verlassen. Ich müsse mich an meine Berufsorganisation wenden. Ich sei aber in keiner Organisation, sagte ich. In keiner Fachschaft, in keiner Kammer, nirgends. Warum denn nicht? Weil ich ein verbotener Schriftsteller sei! Ja, dann freilich, dann bekäme ich auch nirgendwo eine Reiseerlaubnis und am Schalter keine Fahrkarte nach Dresden. Und meine Eltern?, fragte ich – vielleicht seien sie tot, vielleicht verwundet, sicher obdachlos, zwei alte einsame Leute! Man zuckte die Achseln. Der Nächste, bitte. Halten Sie uns nicht unnötig auf. – Es war nicht einmal böser Wille. Es war die Bürokratie, die mir den Weg versperrte und an der ich nicht vorbeikonnte. Die Bürokratie, dieser wasserköpfige, apokalyptische Wechselbalg der Neuzeit. Ich war gefangen. Das Gefängnis hieß Berlin. Ich wartete. Die Gerüchte überschlugen sich. Ich biss die Zähne zusammen. Am zehnten Tage nach dem Angriff fiel eine Postkarte in den Briefkasten. Eine dreckige, zerknitterte Karte mit ein paar zittrigen Zeilen. Die Eltern lebten. Die Wohnung war nur leicht beschädigt. Die Karte kam an meinem Geburtstag …

In diesen Septembertagen war ich, seit Weihnachten 1944, zum ersten Male wieder daheim. Ich käme am Sonnabend, schrieb ich, wisse nicht genau, wann, und bäte sie deshalb, zu Hause auf mich zu warten. Als ich schließlich gegen Abend klingelte, öffnete mir eine freundliche, alte Frau. Ich kannte sie nicht. Es war die den Eltern zugewiesene Untermieterin. Ja, die beiden stünden seit dem frühen Morgen am Neustädter Bahnhof. Die Mutter habe sich nicht halten lassen. Wir hätten uns gewiss verfehlt. Sie, die nette alte Frau, habe ihnen gleich und immer wieder geraten …

Ich sah die Eltern schon von weitem. Sie kamen die Straße, die den Bahndamm entlangführt, so müde daher, so enttäuscht, so klein und gebückt. Der letzte Zug, mit dem ich hätte eintreffen können, war vorüber. Wieder einmal hatten sie umsonst gewartet ... Da begann ich zu rufen. Zu winken. Zu rennen. Und plötzlich, nach einer Sekunde fast tödlichen Erstarrens, beginnen auch meine kleinen, müden, gebückten Eltern zu rufen, zu winken und zu rennen.

Es gibt wichtige und unwichtige Dinge im Leben. Die meisten Dinge sind unwichtig. Bis tief ins Herz hinein reichen die für wahr und echt gehaltenen Phrasen. Gerade wir müssten heute wie nie vorher und wie kein anderes Volk die Wahrheit und die Lüge, den Wert und den Unfug unterscheiden können. Die zwei Feuer der Schuld und des Leids sollten alles, was unwesentlich in uns ist, zu Asche verbrannt haben. Dann wäre, was geschah, nicht ohne Sinn gewesen. Wer nichts mehr auf der Welt besitzt, weiß am ehesten, was er wirklich braucht. Wem nichts mehr den Blick verstellt, der blickt weiter als die andern. Bis hinüber zu den Hauptsachen. So ist es. Ist es so?

Das, was man früher unter Dresden verstand, existiert nicht mehr. Man geht hindurch, als liefe man im Traum durch Sodom und Gomorrha. Durch den Traum fahren mitunter klingelnde Straßenbahnen. In dieser Steinwüste hat kein Mensch etwas zu suchen, er muss sie höchstens durchqueren. Von einem Ufer des Lebens zum andern. Vom Nürnberger Platz weit hinter dem Hauptbahnhof bis zum Albertplatz in der Neustadt steht kein Haus mehr. Das ist ein Fußmarsch von etwa vierzig Minuten. Rechtwinklig zu dieser Strecke, parallel zur Elbe, dauert die Wüstenwanderung fast das Doppelte. Fünfzehn Quadratkilometer Stadt sind abgemäht und fortgeweht.

Bei den Eltern in Dresden, 1946

Wer den Saumpfad entlangläuft, der früher einmal in der ganzen Welt unter dem Namen »Prager Straße« berühmt war, erschrickt vor seinen eigenen Schritten. Kilometerweit kann er um sich blicken. Er sieht Hügel und Täler aus Schutt und Steinen. Eine verstaubte Ziegellandschaft. Gleich vereinzelten, in der Steppe verstreuten Bäumen stechen hier und dort bizarre Hausecken und dünne Kamine in die Luft. Die schmalen Gassen, deren gegenüberliegende Häuser ineinandergestürzt sind, als seien sie sich im Tod in die Arme gesunken, hat man durch Ziegelbarrieren abgesperrt.

Wie von einem Zyklon an Land geschleuderte Wracks riesenhafter Dampfer liegen zerborstene Kirchen umher. Die ausgebrannten Türme der Kreuz- und der Hofkirche, des Rathauses und des Schlosses sehen aus wie gekappte Masten. Der goldene Herkules über dem dürren Stahlgerippe des Rathaushelms erinnert an eine Galionsfigur, die, seltsamerweise und reif zur Legende, den feurigen Taifun, dem Himmel am nächsten, überstand. Die steinernen Wanten und Planken der gestrandeten Kolosse sind im Gluthauch des Orkans wie Blei geschmolzen und gefrittet. Was sonst ganze geologische Zeitalter braucht, nämlich Gestein zu verwandeln – das hat hier eine einzige Nacht zuwege gebracht.

An den Rändern der stundenweiten Wüste beginnen dann jene Stadtgebiete, deren Trümmer noch ein wenig Leben und Atmen erlauben. Hier sieht es aus wie in anderen zerstörten Städten auch. Doch noch in den Villenvierteln am Großen Garten ist jedes, aber auch jedes Haus ausgebrannt. Sogar das Palais und die Kavalierhäuschen mitten im Park mussten sterben. Als Student hatte ich manchmal von Ruhm und Ehre geträumt. Der Bürgermeister war im Traume vor mich hingetreten und hatte dem wackeren Sohne der Stadt so ein kleines, einstöckiges, verwunschenes Barockhäuschen auf Lebenszeiten als Wohnung angeboten. Vom Fenster aus hätte ich dann auf den Teich und die Schwäne geschaut, auf die Eichhörnchen und auf die unvergleichlichen Blumenrabatten. Die Blaumeisen wären zu mir ins Zimmer geflogen, um mit mir zu frühstücken …

Ach, die Träume der Jugend! Im abgelassenen Teich wuchert das Unkraut. Die Schwäne sind wie die Träume verflogen. Sogar die einsame Bank im stillsten Parkwinkel, auf der man zu zweit saß und zu dem über den Wipfeln schwimmenden Monde hinaufsah, sogar die alte Bank liegt halbverschmort im wilden Gras …

Ich lief einen Tag lang kreuz und quer durch die Stadt, hinter meinen Erinnerungen her. Die Schule? Ausgebrannt ... Das Seminar mit den grauen Internatsjahren? Eine leere Fassade ... Die Dreikönigskirche, in der ich getauft und konfirmiert wurde? In deren Bäume die Stare im Herbst, von Übungsflügen erschöpft, wie schrille, schwarze Wolken herabfielen? Der Turm steht wie ein Riesenbleistift im Leeren ... Das Japanische Palais, in dessen Bibliotheksräumen ich als Doktorand büffelte? Zerstört ... Die Frauenkirche, der alte Wunderbau, wo ich manchmal Motetten mitsang? Ein paar klägliche Mauerreste ... Die Oper? Der Europäische Hof? Das Alberttheater? Kreutzkamm mit den duftenden Weihnachtsstollen? Das Hotel Bellevue? Der Zwinger? Das Heimatmuseum? Und die anderen Erinnerungsstätten, die nur mir etwas bedeutet hätten? Vorbei. Vorbei.

Freunde hatten gesagt: »Fahre nicht hin. Du erträgst es nicht.« Ich habe mich genau geprüft. Ich habe den Schmerz kontrolliert. Er wächst nicht mit der Anzahl der Wunden. Er erreicht seine Grenzen früher. Was dann noch an Schmerz hinzukommen will, löst sich nicht mehr in Empfindung auf. Es ist, als fiele das Herz in eine tiefe Ohnmacht.

Die vielen Kasernen sind natürlich stehengeblieben! Die Pionierkaserne, in der das Ersatzbataillon lag. Die andere, wo wir das Reiten lernten und als Achtzehnjährige, zum Gaudium der Ritt- und Wachtmeister, ohne Gäule, auf Schusters Rappen, »zu Einem – rrrechts brecht ab!« traben, galoppieren und durchparieren mussten. Das Linckesche Bad, wo wir, am Elbufer, mit vorsintflutlichen Fünfzehnzentimeterhaubitzen exerzierten. Die Tonhalle, wo uns Sergeant Waurich quälte. Hätte stattdessen nicht die Frauenkirche leben bleiben können? Oder das Dinglingerhaus am Jüdenhof? Oder das Coselpalais? Oder wenigstens einer der früheren Renaissance-Erker in der Schlossstraße? Nein. Es mussten die Kasernen sein! Eine der schönsten Städte der Welt wurde von einer längst besiegten Horde und ihren gewissenlosen militärischen Lakaien unverteidigt dem modernen Materialkrieg ausgeliefert. In einer Nacht wurde die Stadt vom Erdboden vertilgt. Nur die Kasernen, Gott sei Dank, die blieben heil!

Auch wenn sie alles um sich her vergisst …

Ich bin so froh, Dich wiedergesehen zu haben. Und es beruhigt mich sehr, nun zu wissen, wo und wie vorsorglich Du untergebracht bist. Hoffentlich sind noch viele warme Herbsttage, damit Du nachmittags schön im Garten sitzen kannst. Laß dir's recht gut gehen, meine Allerbeste!
An Ida Kästner, Berlin 8. September 1947

»Auch wenn sie alles um sich her vergisst, wird ihr Herz an dich denken. Du bist ihr Schutzengel.«
An diese letzten Sätze dachte ich oft im Leben. Sie haben mich zugleich getröstet und bedrückt. Ich erinnerte mich ihrer auch noch, als ich ein Mann von etwa fünfzig Jahren war und meine Mutter im Sanatorium besuchte. Es war viel geschehen. Dresden lag in Trümmern. Die Eltern hatten es überlebt. Wir waren lange getrennt gewesen. Die

Post und die Eisenbahn hatten lange Zeit lahmgelegen. Nun endlich sahen wir einander wieder. In einem Sanatorium. Denn meine Mutter litt, fast achtzigjährig und erschöpft von einem Leben, das Mühe und Arbeit gewesen war, am Dahinschwinden ihres Gedächtnisses und bedurfte der Aufsicht und Pflege.

Sie hielt ein Taschentuch auf den Knien, breitete es auseinander und faltete es zusammen, in einem fort und ruhelos, schaute mich verwirrt lächelnd an, schien mich zu erkennen, nickte mir zu und fragte mich dann: »Wo ist denn der Erich?« Sie fragte mich nach ihrem Sohn! Und mir krampfte sich das Herz zusammen. Wie damals, wenn sie geistesabwesend auf einer der Brücken stand.

»Auch wenn sie alles um sich her vergisst«, hatte Sanitätsrat Zimmermann gesagt, »wird ihr Herz an dich denken.« Jetzt hatten ihre Augen sogar mich vergessen, ihr einziges Ziel und Glück! Doch nur die Augen. Ihr Herz nicht.

Schluss

Nur eines ist wesentlich

Als die Mutter gemerkt hat, dass Lottchen nicht mehr so häuslich und in der Schule nicht mehr so fleißig ist, dafür aber quirliger und lustiger als früher, da ist sie in sich gegangen und hat zu sich selber also gesprochen: »Luiselotte, du hast aus einem fügsamen kleinen Wesen eine Haushälterin gemacht, aber kein Kind! Kaum war sie ein paar Wochen mit Gleichaltrigen zusammen, im Gebirge, an einem See – schon ist sie geworden, was sie immer hätte sein sollen: ein lustiges, von deinen Sorgen wenig beschwertes kleines Mädchen! Du bist viel zu egoistisch gewesen, pfui! Freu dich, dass Lottchen heiter und glücklich ist! Mag sie getrost beim Abwaschen einen Teller zerschmettern! Mag sie sogar von der Lehrerin einen Brief heimbringen: ›Lottes Aufmerksamkeit, Ordnungsliebe und Fleiß lassen neuerdings leider bedenklich zu wünschen übrig. Die Mitschülerin Anni Habersetzer hat von ihr gestern schon wieder vier heftige Watschen erhalten.‹ Eine Mutter hat – und hätte sie noch so viele Sorgen – vor allem die Pflicht, ihr Kind davor zu bewahren, dass es zu früh aus dem Paradies der Kindheit vertrieben wird!«

So und ähnlich hat Frau Körner ernst zu sich selber gesprochen, und eines Tages schließlich auch zu Fräulein Linnekogel, Lottes Klassenlehrerin. »Mein Kind«, hat sie gesagt, »soll ein Kind sein, kein zu klein geratener Erwachsener! Es ist mir lieber, sie wird ein fröhlicher, leidenschaftlicher Racker, als dass sie um jeden Preis Ihre beste Schülerin bleibt!«

»Aber früher hat Lotte doch beides recht gut zu vereinbaren gewusst«, hat Fräulein Linnekogel, leicht pikiert, erklärt.

»Warum sie das jetzt nicht mehr kann, weiß ich nicht. Als berufstätige Frau weiß man überhaupt zu wenig von seinem Kind. Irgendwie muss es mit den Sommerferien zusammenhängen. Aber eines weiß und sehe ich: *Dass* sie's nicht mehr kann! Und das ist entscheidend!«

Fräulein Linnekogel hat energisch an ihrer Brille gerückt. »Mir, als der Erzieherin und Lehrerin ihrer Tochter, sind leider andere Ziele gesteckt. Ich muss und werde versuchen, die innere Harmonie des Kindes wiederherzustellen!«

»Finden Sie wirklich, dass ein bisschen Unaufmerksamkeit in der Rechenstunde und ein paar Tintenkleckse im Schreibheft –«

»Ein gutes Beispiel, Frau Körner! Das Schreibheft! Gerade Lottes Schrift zeigt, wie sehr das Kind die, ich möchte sagen, seelische Balance verloren hat. Aber lassen wir die Schrift beiseite! Finden Sie es in Ordnung, dass Lotte neuerdings Mitschülerinnen prügelt?«

»Mitschüler*innen*?«, Frau Körner hat die Endung sehr betont gehabt. »Meines Wissens hat sie nur die Anni Habersetzer geschlagen.«

»Nur?«

»Und diese Anni Habersetzer hat die Ohrfeigen redlich verdient! Von irgendwem muss sie sie ja schließlich kriegen!«

»Aber Frau Körner!«

»Ein großes, gefräßiges Ding, das seine Gehässigkeit heimlich an den Kleinsten der Klasse auszulassen pflegt, sollte von der Lehrerin nicht noch in Schutz genommen werden.«

»Wie bitte? Wirklich? Davon weiß ich ja gar nichts!«

»Dann fragen Sie nur die arme kleine Ilse Merck! Vielleicht erzählt die Ihnen einiges!«

»Und warum hat mir Lotte nichts gesagt, als ich sie bestraft habe?«

Da hat sich Frau Körner ein wenig in die Brust geworfen und geantwortet: »Dazu fehlt es ihr wohl an der, um mit Ihnen zu sprechen, seelischen Balance!« Und dann ist sie in den Verlag gesaust. Um zurechtzukommen, hat sie ein Taxi nehmen müssen. Zwei Mark dreißig. Ach, das liebe Geld!

Am Samstagmittag hat Mutti plötzlich den Rucksack gepackt und gesagt: »Zieh die festen Schuhe an! Wir fahren nach Garmisch und kommen erst morgen Abend zurück!«

Luise hat ein bisschen ängstlich gefragt: »Mutti, – wird das nicht zu teuer?«

Der Frau Körner hat es einen kleinen Stich gegeben. Dann hat sie gelacht. »Wenn das Geld nicht reicht, verkauf ich dich unterwegs!«

Das Kind hat vor Wonne getanzt. »Fein! Wenn du dann das Geld hast, lauf ich den Leuten wieder weg! Und wenn du mich drei- bis viermal verkauft hast, haben wir so viel, dass du einen Monat nicht zu arbeiten brauchst!«

»So teuer bist du?«

»Dreitausend Mark und elf Pfennige! Und die Mundharmonika nehm ich auch mit!«

Das wurde ein Wochenende – wie lauter Himbeeren mit Schlagsahne! Von Garmisch wanderten sie über Grainau an den Baadersee. Dann an den Eibsee. Mit Mundharmonika und lautem Gesang. Dann ging's durch hohe Wälder bergab. Über Stock und Stein. Walderdbeeren fanden sie. Und schöne, geheimnisvolle Blumen. Lilienhaften Türkenbund und vielblütigen lilafarbenen Enzian. Und Moos mit kleinen spitzen Helmen auf dem Kopf. Und winzige Alpenveilchen, die so süß dufteten, dass man's gar nicht fassen konnte!

Abends gerieten sie in ein Dorf namens Gries. Dort nahmen sie ein Zimmer mit einem Bett. Und als sie, in der Gaststube aus dem Rucksack futternd, mächtig geabendbrotet hatten, schliefen sie zusammen in dem Bett! Draußen auf den Wiesen geigten die Grillen eine kleine Nachtmusik …

Am Sonntagmorgen zogen sie weiter. Nach Ehrwald. Und Lermoos. Die Zugspitze glänzte silberweiß. Die Bauern kamen in ihren Trachten aus der Kirche. Kühe standen auf der Dorfstraße, als hielten sie einen Kaffeeklatsch.

Übers Törl ging's dann. Das war ein Gekraxel, sakra, sakra! Neben einer Pferdeweide, inmitten Millionen von Wiesenblumen, gab's gekochte Eier und Käsebrote. Und als Nachtisch einen kleinen Mittagsschlaf im Grase.

Später stiegen sie zwischen Himbeersträuchern und gaukelnden Schmetterlingen zum Eibsee hinunter. Kuhglocken läuteten den Nachmittag ein. Die Zugspitzbahn sahen sie in den Himmel kriechen. Der See lag winzig im Talkessel. »Als ob der liebe Gott bloß mal so hingespuckt hätte«, sagte Luise versonnen.

Im Eibsee wurde natürlich gebadet. Auf der Hotelterrasse spendierte Mutti Kaffee und Kuchen. Und dann wurde es höchste Zeit, nach Garmisch zurückzumarschieren.

Vergnügt und braungebrannt saßen sie im Zug. Und der nette Herr gegenüber wollte unter gar keinen Umständen glauben, dass das junge Mädchen neben Luise die Mutti und noch dazu eine berufstätige Frau sei!

Zu Hause fielen sie wie die Plumpsäcke in ihre Betten. Das Letzte, was das Kind sagte, war: »Mutti, heute war es so schön – so schön wie nichts auf der Welt!« Die Mutti lag noch eine Weile wach. So viel leicht erreichbares Glück hatte sie bis jetzt ihrem kleinen Mädchen vorenthalten! Nun, es war noch nicht zu spät. Noch ließ sich alles nachholen!

Dann schlief auch Frau Körner ein. Auf ihrem Gesicht träumte ein Lächeln. Es huschte über ihre Wangen, wie der Wind übern Eibsee.

Das Kind hatte sich verändert. Und nun begann sich also auch die junge Frau zu verändern.

Der Chefredakteur der Münchner Illustrierten, Doktor Bernau, stöhnt auf. »Sauregurkenzeit, meine Liebe! Wo sollen wir ein aktuelles Titelbild hernehmen und nicht stehlen?«

Frau Körner, die an seinem Schreibtisch steht, sagt: »Neopress hat Fotos von der neuen Meisterin im Brustschwimmen geschickt.«

»Ist sie hübsch?«

Die junge Frau lächelt. »Fürs Schwimmen reicht es.«

Doktor Bernau winkt entmutigt ab. Dann kramt er auf dem Tisch. »Ich hab doch da neulich von irgend so 'nem ulkigen Dorflichtbildkünstler Fotos geschickt gekriegt! Zwillinge waren darauf!« Er wühlt zwischen Aktendeckeln und Zeitungen. »Paar reizende kleine Mädels! Zum Schießen ähnlich! He, wo seid ihr denn, ihr kleinen Frauenzimmer? So etwas gefällt dem Publikum immer. Eine gefällige Unterschrift dazu. Wenn schon nichts Aktuelles, dann eben ein Paar hübsche Zwillinge! Na endlich!« Er hat das Kuvert mit den Fotos entdeckt, schaut die Bilder an und nickt beifällig. »Wird gemacht, Frau Körner!« Er reicht ihr die Fotos.

Nach einiger Zeit blickt er schließlich hoch, weil seine Mitarbeiterin nichts sagt. »Nanu!«, ruft er. »Körner! Sie stehen ja da wie Lots Weib als Salzsäule! Aufwachen! Oder ist Ihnen schlecht geworden?«

»Ein bisschen, Herr Doktor!« Ihre Stimme schwankt. »Es geht schon wieder.« Sie starrt auf die Fotos. Sie liest den Absender. *»Josef Eipeldauer, Fotograf, Seebühl am Bühlsee.«*

In ihrem Kopf dreht sich alles.

»Suchen Sie das geeignetste Bild aus, und dichten Sie eine Unterschrift, dass unseren Lesern das Herz im Leibe lacht! Sie können das ja erstklassig!«

»Vielleicht sollten wir sie doch nicht bringen«, hört sie sich sagen.

»Und warum nicht, hochgeschätzte Kollegin?«

»Ich halte die Aufnahmen nicht für echt.«

»Zusammenkopiert, was?« Doktor Bernau lacht. »Da tun Sie dem Herrn Eipeldauer entschieden zu viel Ehre an. So raffiniert ist der nicht! Also, rasch ans Werk, liebwerte Dame! Die Unterschrift hat bis morgen Zeit. Ich kriege den Text noch zu Gesicht, bevor Sie ihn in Satz geben.« Er nickt und beugt sich über neue Arbeit.

Sie tastet sich hinüber in ihr Zimmer, sinkt in ihren Sessel, legt die Fotos vor sich hin und presst die Hände an die Schläfen.

Die Gedanken fahren in ihrem Kopfe Karussell. Ihre beiden Kinder! Das Kinderheim! Die Ferien! Natürlich! Aber, warum hat Lottchen nichts davon erzählt? Warum hat Lottchen die Bilder nicht mitgebracht? Denn als sich die zwei fotografieren ließen, taten sie's doch nicht ohne Absicht. Sie werden entdeckt haben, dass sie Geschwister sind! Und dann haben sie sich vorgenommen, nichts darüber zu sagen. Es lässt sich verstehen, ja, freilich. Mein Gott, wie sie einander gleichen! Nicht einmal das vielgepriesene Mutterauge ... Oh, ihr meine beiden, beiden, beiden Lieblinge!

Wenn jetzt Doktor Bernau den Kopf durch die Tür steckte, sähe er in ein von Glück und Schmerz überwältigtes Gesicht, über das Tränen strömen, Tränen, die das Herz ermatten, als flösse das Leben selber aus den Augen.

Glücklicherweise steckt Doktor Bernau den Kopf nicht durch die Tür.

Frau Körner ist bemüht, sich zusammenzureißen. Gerade jetzt heißt es, den Kopf oben zu behalten! Was soll geschehen? Was wird, was muss geschehen? Ich werde mit Lottchen reden!

Eiskalt durchfährt es die Mutter! Ein Gedanke schüttelt wie eine unsichtbare Hand ihren Körper hin und her!

Ist es denn Lotte, mit der sie sprechen will?

Frau Körner hat Fräulein Linnekogel, die Lehrerin, in der Wohnung aufgesucht.

»Das ist eine mehr als merkwürdige Frage, die Sie an mich richten«, sagt Fräulein Linnekogel. »Ob ich für möglich halte, dass Ihre Tochter nicht Ihre Tochter, sondern ein anderes Mädchen ist? Erlauben Sie, aber ...«

»Nein, ich bin nicht verrückt«, versichert Frau Körner und legt eine Fotografie auf den Tisch. Fräulein Linnekogel schaut das Bild an. Dann die Besucherin. Dann wieder das Bild.

»Ich habe zwei Töchter«, sagt die Besucherin leise. »Die zweite lebt bei meinem geschiedenen Mann in Wien. Das Bild kam mir vor etlichen Stunden durch Zufall in die Hände. Ich wusste nicht, dass sich die Kinder in den Ferien begegnet sind.«

Fräulein Linnekogel macht den Mund auf und zu wie ein Karpfen auf dem Ladentisch. Kopfschüttelnd schiebt sie die Fotografie von sich weg, als hätte sie Angst, gebissen zu werden. Endlich fragt sie: »Und die beiden haben bis dahin nichts voneinander gewusst?«

Die junge Frau schüttelt den Kopf. »Nein. Mein Mann und ich haben's damals so vereinbart, weil wir es für das Beste hielten.«

»Und auch Sie haben von dem Mann und Ihrem anderen Kind nie wieder gehört?«

»Nie.«

»Ob er wieder geheiratet hat?«

»Ich weiß es nicht. Ich glaube kaum. Er meinte, er eigne sich nicht fürs Familienleben.«

»Eine höchst abenteuerliche Geschichte«, sagt die Lehrerin. »Sollten die Kinder wirklich auf die absurde Idee verfallen sein, einander auszutauschen? Wenn ich mir Lottchens charakterliche Wandlung vor Augen halte, und dann die Schrift, Frau Körner, die Schrift! Ich kann es kaum fassen! – Aber es würde manches erklären.«

Die Mutter nickt und schaut starr vor sich hin.

»Nehmen Sie mir meine Offenheit nicht übel«, meint Fräulein Linnekogel, »ich war nie verheiratet, ich bin Erzieherin und habe keine Kinder – aber ich meine immer: Die Frauen, die wirklichen, verheirateten, nehmen ihre Männer zu wichtig! Dabei ist nur eines wesentlich: das Glück der Kinder!«

Frau Körner lächelt schmerzlich. »Glauben Sie, dass meine Kinder in einer langen, unglücklichen Ehe glücklicher geworden wären?«

Fräulein Linnekogel sagt nachdenklich: »Ich mache Ihnen keinen Vorwurf. Sie sind noch heute sehr jung. Sie waren, als Sie heirateten, ein halbes Kind. Sie werden Ihr Leben lang jünger sein, als ich jemals gewesen bin. Was für den einen richtig wäre, kann für den anderen falsch sein.«

Der Besuch steht auf.

»Und was werden Sie tun?«

»Wenn ich das wüsste!«, sagt die junge Frau.

Luise steht vor einem Münchner Postschalter. »Nein«, sagt der Beamte für die postlagernden Sendungen bedauernd. »Nein, Fräulein Vergissmeinnicht, heut hätten wir wieder nix.«

Luise blickt ihn unschlüssig an. »Was kann das nur bedeuten?«, murmelt sie bedrückt.

Der Beamte versucht zu scherzen. »Vielleicht ist aus dem Vergissmeinnicht ein ›Vergissmich‹ geworden?«

»Das ganz gewiss nicht«, sagt sie in sich gekehrt. »Ich frag morgen wieder nach.«

»Wenn ich darum bitten darf«, erwidert er lächelnd.

Frau Körner kommt heim. Brennende Neugier und kalte Angst streiten in ihrem Herzen, dass es ihr fast den Atem nimmt.

Das Kind hantiert eifrig in der Küche. Topfdeckel klappern. Im Tiegel schmort es.

»Heute riecht's aber gut!«, sagt die Mutter. »Was gibt's denn, hm?«

»Schweinsripperl mit Sauerkraut und Salzkartoffeln«, ruft die Tochter stolz.

»Wie schnell du das Kochen gelernt hast!«, sagt die Mutter, scheinbar ganz harmlos.

»Nicht wahr?«, antwortet die Kleine fröhlich. »Ich hätt nie gedacht, dass ich ...« Sie bricht entsetzt ab und beißt sich auf die Lippen. Jetzt nur die Mutter nicht ansehen!

Diese lehnt an der Tür und ist bleich. Bleich wie die Wand.

Das Kind steht am offenen Küchenspind und hebt Geschirr heraus. Die Teller klappern wie bei einem Erdbeben.

Da öffnet die Mutter mühsam den Mund und sagt: »Luise!«

Krach!

Die Teller liegen in Scherben auf dem Boden. Luise hat's herumgerissen. Ihre Augen sind vor Schreck geweitet.

»Luise!«, wiederholt die Frau sanft und öffnet die Arme weit.

»Mutti!«

Das Kind hängt der Mutter wie eine Ertrinkende am Hals und schluchzt leidenschaftlich.

Die Mutter sinkt in die Knie und streichelt Luise mit zitternden Händen. »Mein Kind, mein liebes Kind!«

Sie knien zwischen zerbrochenen Tellern. Auf dem Herd verschmoren die Schweinsripperln. Es riecht nach angebranntem Fleisch. Wasser zischt aus den Töpfen in die Gasflammen.

Die Frau und das kleine Mädchen merken von alledem nichts. Sie sind, wie es manchmal heißt und ganz selten vorkommt, nicht »von dieser Welt«.

Stunden sind vergangen. Luise hat gebeichtet. Und die Mutter hat die Absolution erteilt. Es war eine lange, wortreiche Beichte, und es war eine kurze, wortlose Freisprechung von allen begangenen Sünden – ein Blick, ein Kuss, mehr war nicht nötig.

Jetzt sitzen sie auf dem Sofa. Das Kind hat sich eng, ganz eng an die Mutter gekuschelt. Ach, ist das schön, endlich die Wahrheit gesagt zu haben! So leicht ist einem zumute, so federleicht! Man muss sich an der Mutter festklammern, damit man nicht plötzlich davonfliegt!

»Ihr seid mir schon zwei raffinierte Frauenzimmer!«, meint die Mutter.

Luise kichert vor lauter Stolz. (*Ein* Geheimnis hat sie allerdings immer noch nicht preisgegeben: dass es da in Wien, wie Lotte ängstlich geschrieben hat, neuerdings ein gewisses Fräulein Gerlach gibt!)

Die Mutter seufzt.

Luise schaut sie besorgt an.

»Nun ja«, sagt die Mutter. »Ich denke darüber nach, was jetzt werden soll! Können wir tun, als sei nichts geschehen?«

Luise schüttelt entschieden den Kopf. »Lottchen hat sicher großes Heimweh nach dir. Und du doch auch nach ihr, nicht wahr, Mutti?« Die Mutter nickt.

»Und ich ja auch«, gesteht das Kind. »Nach Lottchen und …«

»Und deinem Vater, gelt?«

Luise nickt. Eifrig und schüchtern zugleich. »Und wenn ich bloß wüsste, warum Lottchen nicht mehr schreibt?«

»Ja«, murmelt die Mutter. »Ich bin recht in Sorge.«

Frage an das eigene Herz

Soll man sein Herz bestürmen: »Herz, sprich lauter!«,
da es auf einmal leise mit uns spricht?
Einst sprach es laut zu uns. Das klang vertrauter.
Nun flüstert's nur. Und man versteht es nicht.

Was will das Herz? Man denkt: wenn es das wüsste,
dann wär es laut, damit man es versteht.
Dann riefe es, bis man ihm folgen müsste!
Was will das Herz, dass es so leise geht?

Das Allerschönste, was sich Kinder wünschen,
das wagt sich kaum aus ihrem Mund hervor.
Das Allerschönste, was sich Kinder wünschen,
das flüstern sie der Mutter bloß ins Ohr …

Ist so das Herz, dass es sich schämt zu rufen?
Will es das Schönste haben? Ruft es Nein?
Man soll den Mächten, die das Herz erschufen,
nicht dankbar sein.

Anhang

Anmerkungen

Erich Kästners Briefe an seine Mutter wurden folgenden Ausgaben entnommen (Kürzel in Klammern):

Erich Kästner, *Mein liebes, gutes Muttchen Du! Dein oller Junge.* Briefe und Postkarten aus 30 Jahren. Ausgewählt und eingeleitet von Luiselotte Enderle. Albrecht Knaus Verlag, Hamburg 1981. *(Muttchenbriefe)*

Erich Kästner, *Der Karneval des Kaufmanns.* Gesammelte Texte aus der Leipziger Zeit 1923–1927. Herausgegeben von Klaus Schuhmann. Lehmstedt Verlag, Leipzig 2004. *(Karneval)*

Die ausgewählten Briefe wurden mit den handschriftlichen Originalen verglichen, die sich im Nachlass Kästner im DLA (Deutsches Literaturarchiv, Marbach am Neckar) befinden, und ggf. korrigiert oder ergänzt. Auch Kästners unterschiedliche Schreibweisen des Datums wurden beibehalten.

Zum Nachlass Kästner in Marbach gehört auch Ida Kästners Brief an ihren Sohn vom 2.1.1927.

Die bibliographischen Angaben nach den einzelnen Titeln geben die Quellen an, denen die Texte entnommen wurden. Auslassungen innerhalb der ausgewählten Briefstellen und Textauszüge sind mit Klammern (…) gekennzeichnet.

Kästners Werke für Erwachsene sind in gebundenen Einzelausgaben lieferbar im Atrium Verlag und nahezu vollständig in Taschenbuchausgaben bei <u>dtv</u>. Die Bücher für Kinder liegen im Dressler Verlag vor. Die neunbändige Werkausgabe erschien im Hanser Verlag: Erich Kästner, *Werke*. Herausgegeben von Franz Josef Görtz. Bd. I–IX. Carl Hanser Verlag, München Wien 1998. Dient sie als Textvorlage, erscheinen in den bibliographischen Angaben die jeweilige Band- und Seitenzahl (III, S. 229). Die satzidentische broschierte Werkausgabe ist im Deutschen Taschenbuch Verlag (<u>dtv</u> 59066) lieferbar.

Für die Abfassung der Anmerkungen wurde zusätzlich durchgängig folgende Literatur benutzt:

Sven Hanuschek, *»Keiner blickt dir hinter das Gesicht«*. Das Leben Erich Kästners. Deutscher Taschenbuch Verlag, München 2003. (Hanuschek)

Erich Kästner. Dargestellt von Sven Hanuschek. Rowohlt Taschenbuch Verlag, Reinbek bei Hamburg 2004.

Erich Kästner, *Das Blaue Buch*. Kriegstagebuch und Roman-Notizen. Herausgegeben von Ulrich von Bülow und Silke Becker. Aus der Gabelberger'schen Kurzschrift übertragen von Herbert Tauer. Deutsche Schillergesellschaft, Marbach am Neckar 2006. Marbacher Magazin 111/112. (*Das Blaue Buch*)

9 Vorbemerkung

*»aber ich glaube, Muttchenbesuch ist noch
schöner«:* an Ida Kästner, Leipzig, 27.10.
1926, s. S. 78.

*»ihr Leben galt mit jedem Atemzuge ...«: s. Ein
Kind hat Kummer,* S. 40.

»eines der besten Söhnchen zu sein«: an Ida
Kästner, Berlin, 3.10.1927.

*diese Klage Frau Fabians: Frau Fabian schreibt
an ihren Sohn,* S. 118.

*um den ... Sohn, dem sie ununterbrochen
schrieb:* »... sie macht eigentlich nichts als
Ihnen Briefe schreiben.« Elfriede Mechnig (Kästners Berliner Sekretärin) an
Erich Kästner, 29.7.1946, nach einem Besuch in Dresden (zitiert nach Hanuschek,
S. 350).

Pollender: beliebtes Lokal im Dresdner
Großen Garten.

*»mein Herz hängt an all den Zeremonien
...«: Als ich ein kleiner Junge war,* Und zum
Schluss ein Nachwort, VII, S. 150.

»Deine Briefe sind doch das einzige ...«: an Ida
Kästner, Leipzig, 4.10.1926.

»Es ist eine alte Geschichte ...«: Heinrich Heine, *Ein Jüngling liebt ein Mädchen.* Von Robert Schumann vertont in dem Zyklus
Dichterliebe.

Muttchen und ihr Junge

17 *»Es gibt Erinnerungen ...«: Als ich ein
kleiner Junge war,* VII, S. 150.

19 *Ida Kästner ergreift einen Beruf*
Als ich ein kleiner Junge war, Vom Kleinmaleins des Lebens (Auszug), VII, S. 83–88.

Ida Kästner: 9. April 1871 – 5. Mai 1951, Hei-
rat mit Emil Kästner 31. Juli 1892, Geburt
des Sohnes Erich: 23. Februar 1899. Beginn der Friseurlehre: 1906.

Ondulieren: das Haar mit einer Ondulierschere in flache Wellen legen.

Brenneisen, Brennschere: zum Kräuseln und
Locken des Haars.

Brillantine: Haargel.

26 *Eine Hochzeit, an die ich mich erinnere*
Als ich ein kleiner Junge war, Zwei folgen-
schwere Hochzeiten (Auszug), VII S. 93–
95.

28 *Frau Hebestreit spioniert*
Das Schwein beim Friseur, VIII, S. 336–339.
Teerseife: Haarwaschmittel. Noch heute
Bestandteil einiger Shampoos.

33 *Verzweiflung Nr. 1*
Ein Mann gibt Auskunft, I, S. 128 f.

34 *Mama ist nicht zu Hause*
Das Schwein beim Friseur, VIII, S. 330–332.
Eine frühere Fassung dieser Geschichte
erschien unter dem Titel *Peter* im *Berliner
Tageblatt,* 18.12.1927 (nachgedruckt in VII,
S. 185–190).

38 *Muttchens kleiner Helfer*
Als ich ein kleiner Junge war, Kein Buch ohne
Vorwort (Auszug), VII, S. 13 f.
Anders als man nach dem vermuten
möchte, was Kästner hier und auch z. B.
in *Frau Hebestreit spioniert* erzählt, mochte
er nicht einkaufen. In seinem Kriegstagebuch schreibt er am 31.8.1943, er sei nun
»konzessionierter Essenholer geworden.
Ich fahre täglich in die Stadt und kaufe
ein. Ich tu es noch genauso ungern wie
als kleiner Junge.« (*Das Blaue Buch,* S. 80)

39 *Meine Mutter war kein Engel*
Als ich ein kleiner Junge war, Ein Kind hat
Kummer (Auszug), VII, S. 102–105.
Sanitätsrat Zimmermann: Dr. Emil Zimmermann, 1864–1953, Hausarzt der Kästners.
Ida Kästner war nachweislich bis 1932 seine Patientin. Danach wird er in der Kor-
respondenz nicht mehr erwähnt. 1938
konnte Dr. Zimmermann gerade noch
rechtzeitig mit seiner Familie emigrieren.
Für das Gerücht, dieser jüdische Arzt
sei Erich Kästners Vater gewesen, gibt es
keinen stichhaltigen Beweis. Es könnte
einem Wunschdenken Ida Kästners ent-
sprungen sein (s. Hanuschek, S. 32–45).
Wäre es mehr als ein Gerücht, wäre Kästner mit Sicherheit während der Nazizeit
als sog. »Halbjude« denunziert worden
und hätte noch mehr Schwierigkeiten bekommen, als er ohnehin schon hatte.

43 *Meine Mutter, zu Wasser und zu
Lande*
Als ich ein kleiner Junge war, Meine Mut-
ter, zu Wasser und zu Lande, VII, S. 133–
142.
Dora: Dora Augustin, Tochter von Ida
Kästners Bruder, dem reichen Pferde-
händler Franz Augustin, und dessen Frau
Lina.
Mens sana in corpore sano: ein gesunder
Geist in einem gesunden Körper.
Mitten im »Goldenen Topf«: E. T. A. Hoff-
manns »Märchen aus der neuen Zeit«
Der Goldene Topf (1814) spielt, soweit die
Handlung in der Realität angesiedelt ist,
in Dresden.

57 *Kleine Epistel*
Die kleine Freiheit, II, S. 211 f.

Der kleine Redakteur
61 *Jahrgang 1899*
Herz auf Taille, I, S. 9 f.
Revolution: November 1918, Aufstand der
Kieler Matrosen und dessen Übergreifen
auf andere Städte, Abdankung des deutschen Kaisers Wilhelm II., Ausrufung
der Deutschen Republik.
Kartoffelflocken: Kartoffelersatz in den
Hungerwintern des Ersten Weltkriegs.
Gonokokken: Erreger der Gonorrhöe (Ge-
schlechtskrankheit).
bureau-angestellt: Aufgrund der Inflation

(1922/23) war Kästners Stipendium kaum noch etwas wert. Er verdiente sich etwas dazu, u. a. bei der Leipziger Städtischen Baugesellschaft, wo er die sich stündlich verändernden Aktienkurse ausrechnen musste, und bei der Leipziger Messe (s. *Rummel im Messamt* und *Messtagebuch* in *Karneval*, S. 15–22).

Ypern: Stadt in Belgien, im Ersten Weltkrieg zerstört.

63 *Freust Du Dich über Deinen kleinen Redakteur?*

An Ida Kästner (3.2., 4.2., 23.10.1924).

In seinen Anmerkungen zu den Briefen vom 3. und 4. Februar 1924 begründet Klaus Schuhmann die Datierung der Briefe auf 1924 überzeugend damit, dass die erste Ausgabe des Zeitschriftenmagazins *Das Leben* im Juni 1923 erschien und man also erst im darauffolgenden Jahr Verstärkung für die Redaktion gesucht haben könne. Gestützt wird diese Datierung außerdem durch die von Erich Kästner aufgeführten niedrigen Preise im Felsche und sein Anfangsgehalt von 200 Mark, das seiner im Brief vom 3.2. geäußerten Gehaltsvorstellung entsprach. Im Februar 1923 hätte schon eine Tasse Milchkaffee 250 Mark gekostet (vgl. *Max und sein Frack* in *Karneval*, S. 7 f.). Die Postkarte vom 4.2.1924 ist nach 1981 verschollen. (Text sowie Datierung des

folgenden Briefs nach *Muttchenbriefe*, S. 15.)

Felsche: 1835 gegründetes traditionsreiches Kaffeehaus am Augustusplatz neben der Universitätskirche St. Pauli (1968 gesprengt), auf deren anderer Seite sich damals das Hauptgebäude der Universität Leipzig, das »Augusteum«, befand.

EK: der Vater Emil Kästner.

Ploch: Arthur Ploch, Chefredakteur der bei der Leipziger Verlagsanstalt erscheinenden Magazine.

Ossip Kalenter: eigentl. Johannes Burckhardt, 1900–1976, studierte Germanistik, u. a. in Leipzig, publizierte in den dortigen Magazinen Lyrik und Prosa. Lebte ab 1924 in Italien. Später Exil in Prag (1934) und Zürich (1939).

Kannst Du nicht schon morgen zur Wäsche eine Frau kriegen?: Zu Zeiten, da Wäschewaschen noch Handarbeit war, brauchte man insbesondere für die »große Wäsche« – d. h. vor allem Bett- und Tischwäsche, Handtücher (Frotteetücher kamen erst auf), Geschirrtücher – die Hilfe einer Waschfrau. Ida Kästner war oft zu sparsam, um sich für alle Arbeitsphasen – vom Waschen und Aufhängen bis zum Mangeln und Zusammenlegen – eine Waschfrau zu leisten.

Ilse: Ilse (Beeks-)Julius, geb. 1902, seit 1919 mit Erich Kästner eng befreundet. 1920 Beginn des Chemiestudiums, das sie im März 1926 an der Sächsischen Technischen Hochschule zu Dresden mit dem »Diplom-Ingenieur« abschloss. Anschließend wollte sie promovieren.

66   *Frau Großhennig schreibt an ihren Sohn*

Herz auf Taille, I, S. 18–20.
Großhennig: In *Als ich ein kleiner Junge war* erwähnt Kästner »die Frau des Schneidermeisters Großhennig« als Kundin Ida Kästners, s. *Ida Kästner ergreift einen Beruf*, S. 22, sowie seine Spielkameradin Erna Großhennig (VII, S. 71).

69   *In 8 Tagen arbeite ich wahrscheinlich schneller als fast alle andern polit. Redakteure*

An Ida Kästner (1.4., 12.7.1926).
Im März 1926 wurde Erich Kästner »politischer Redakteur« bei der *Neuen Leipziger Zeitung*, schrieb daneben weiterhin für andere Zeitungen und Magazine.
Hilde Decke: Chefredakteurin der seit 1926 im Otto Beyer Verlag erscheinenden Mode- und Unterhaltungszeitschrift *Beyers für Alle* mit der Beilage *Kinder-Zeitung*.
Marguth: Georg Marguth (geb. 1886), Verlagsdirektor der *Neuen Leipziger Zeitung* und damit Kästners Chef.
weiße Kragen: Die Kragen der Oberhemden wurden damals an- bzw. abgeknöpft, damit sie separat gewaschen werden konnten und die mühsam zu bügelnden Hemden nicht so oft in die Wäsche mussten.
Ilses Vater: Ilses Eltern waren geschieden. Der Vater lebte in Senftenberg, und Ilse verbrachte jährlich einige Wochen bei ihm.
Rostock wiedersehen: 1921 hatte Kästner ein Semester dort studiert.
Gral: richtig: Graal.
Franzl: Franz Naacke, Sohn Dora Augustins. Sie war 1920 bei seiner Geburt gestorben. Franzl wuchs bei seinen Großeltern Franz und Lina Augustin auf. Er fiel Ende 1944.

72   *Karl der Faule*

Der Karneval des Kaufmanns, S. 256–260.
Erstdruck: *Neue Leipziger Zeitung*, 28.7. 1926, S. 2. Nachdruck in: Erich Knauf (Hrsg.), *Das blaue Auge*. Humor, Satire, Tragikomisches und andere Rosinen der Weltliteratur. Einband und Illustrationen A. Kubin. Büchergilde Gutenberg, Berlin 1930, S. 21–24.

78   *Es ist doch das einzig wirklich Hübsche, was uns geblieben ist: öfter ein bißchen zusammenzusein*

An Ida Kästner (27.10., 24.11., 9.12., 30.12. 1926, 3.1.1927).
Ida an Erich Kästner (2.1.1927).

Im August 1926 unternahmen Erich Kästner und Ilse Julius eine Dänemarkreise, in deren Verlauf es auf Ilses Initiative zu einer Aussprache kam. Aussöhnungsversuche in den darauffolgenden Wochen schlugen fehl. Am 14. November schrieb Kästner seiner Mutter schließlich: »Zwischen Erich und Ilse ist's aus.« Eine lose Beziehung zwischen beiden bestand aber fort (siehe Hanuschek, S. 98–117). Um ihren Sohn abzulenken und zu trösten, umsorgte Ida Kästner ihn umso stärker.

Kästners Briefe an seine Mutter sind nur sehr lückenhaft überliefert; Idas Briefe an ihn kaum. Der Neujahrsbriefwechsel 1926/27 gehört zu den ganz wenigen, die sich rekonstruieren lassen. Ida Kästners Brief ist in Sütterlin geschrieben; die originale Rechtschreibung wurde beibehalten.

die Hüblerschen: Kästner wohnte damals bei Witwe Hübler, Hohe Straße 51.

Glückallein: So bezeichnete Kästner sich – etwas selbstmitleidig – nach der Trennung von Ilse Julius und unterschrieb so auch einige Briefe an seine Mutter.

rollen: mangeln. Ida Kästner benutzte eine Kastenmangel, bei der die Wäscheteile erst auf eine Walze (Docke) aufgewickelt und dann unter einem schweren Kasten gerollt werden, »dessen hin und her gehende Bewegung durch ein Wendegetriebe bewirkt wird«. (*Meyers Lexikon*, Bd. 7, Leipzig 1927, 7. Aufl.)

Petersen hab ich geschrieben: wegen einer Anzuganprobe.

Schmutz und Schund: Die Leipziger Oberprüfstelle für Schmutz und Schund in *Neue Leipziger Zeitung* Nr. 358, 28.12.1926, S. 2.

Natonek: Hans Natonek (1892–1963), Feuilletonchef der *Neuen Leipziger Zeitung*, publizierte auch in überregionalen Zeitschriften wie der *Weltbühne*. 1933 ließ seine Frau, eine überzeugte Nazianhängerin, sich von ihm scheiden. Natonek emigrierte über Paris nach New York, konnte aber als Autor nicht mehr Fuß fassen.

Rilkes Tod: Rainer Maria Rilke † in *Neue Leipziger Zeitung* Nr. 360, 30.12.1926, S. 1. Rilke war am 29.12.1926 in Muzot bei Siders (Wallis) gestorben.

So viele mal wurde ausgetragen: Täglich mehrmalige Zustellung, sogar an Feiertagen – man wird ganz neidisch!

rein gegangen: d. h. von der Königsbrücker Straße (Dresden-Neustadt) in Richtung Dresden-Altstadt, in diesem Fall bis zum Albertplatz, wo die Villa von Franz und Lina Augustin stand.

»Mein Haus sei Dein Haus«: Nicht das bekannte Zitat aus dem Duett Mandryka – Arabella (»Mein Haus soll dein Haus sein«). *Arabella* von Richard Strauss wurde erst am 1. Juli 1933 in Dresden uraufgeführt.

K.: Karin, eine Zahnarzthelferin, mit der Kästner etwa ein Jahr liiert war.

Den Penigern: Verwandte Emil Kästners, aus Penig an der Mulde.

Tante Emma u Lina: die älteren Schwestern Ida Kästners, die in Döbeln lebten.

drin: in den Räumen der Augustin'schen Villa am Albertplatz.

Kiemeyer: Sportredakteur der *Neuen Leipziger Zeitung*

87   *Frau Stramm schreibt an das Wohnungsamt*

Erstdruck: *Beyers für Alle,* Jg. 1, Heft 20, 10.2.1927, S. 8.

Kästner imitiert und ironisiert hier nicht nur den Stil, sondern auch die Rechtschreibung seiner Mutter. Vielleicht um sie nicht zu kränken und auch, weil das Thema nichts mit ihr zu tun hatte, verzichtete er auf eine Verfassernennung. In *Beyers für Alle* erschien der Text in einer sehr speziellen Wiedergabe: Die Überschrift ist in Fraktur gesetzt, der Gedichttext in Sütterlin-Schreibschrift abgebildet und die Antwort des Wohnungsamts in Schreibmaschinenschrift. Dazu Illustrationen von Fritz Wolff.

89   *Wie kannst Du nur glauben, daß Berlin mich Dir entführt?*

An Ida Kästner (22.6., 2.7., 14.7.1927).

Die Chefredaktion der *Neuen Leipziger Zeitung* hatte Kästner gekündigt. Anlass: Der *Nachtgesang des Kammervirtuosen* mit der Eingangszeile »Du meine Neunte letzte Sinfonie! Wenn du das Hemd anhast mit rosa Streifen ...«, den die *Plauener Volkszeitung* Anfang 1927 zusammen mit einer anzüglichen Illustration Erich Ohsers gedruckt hatte. Fatalerweise war 1927 Beethovens 100. Todesjahr, das konservative Konkurrenzblatt *Leipziger Neueste Nachrichten* witterte Tempelschändung, inszenierte einen Skandal und gab damit Dr. Marguth einen Vorwand, den aufmüpfigen Jungredakteur vor die Tür zu setzen – ein »Fußtritt Fortunas«, wie Enderle anmerkt (*Muttchenbriefe,* S. 14).

das Stück: Klaus im Schrank, ein lustiges Weihnachtsstück für Kinder. Es wurde nie aufgeführt. Das Manuskript liegt im Nachlass Elfriede Mechnig bei der Akademie der Schönen Künste in Berlin.

Wäsche: Das letzte Wäschepaket hatte Kästner offenbar schlecht verpackt. Vor der Erfindung von Tesafilm u. Ä., Aufklebern und Versandkartons war das Paketepacken mühsam: Die Kartons wurden vom vielen Hin- und Herschicken allmählich mürbe, das Packpapier konnte einreißen, die Paketschnur musste oft verknotet werden ...

Jüngst war seine Mutter zu Besuch

95 *Eine Mutter zieht Bilanz*
Lärm im Spiegel, I, S. 69 f.
Im Erstdruck (*Jugend 33*, Nr. 42, 1928,
S. 670) trug das Gedicht den Titel *Eine*
Mutter spricht mit sich selber.

96 *Junggesellen sind auf Reisen*
Lärm im Spiegel, I, S. 66 f.
Im Juni/Juli 1928 machten Erich und Ida
Kästner eine große Schweizreise. Im
Nachlass Kästner im DLA ist eine An-
sichtskarte vom Genfer See erhalten, die
Erich und Ida am 6. 7.1928 aus Lausanne-
Ouchy an Emil Kästner geschickt haben.
Erich meldete: »Na, nun haben wir schon
eine ganz hübsche Portion Reise hinter
uns!«, und Ida schrieb: »Bloß gut daß ich
meinen Dolmetscher mithabe.« Nach
dieser Reise schrieb Kästner auch die
Geschichte *In Halbschuhen auf die Jungfrau*
(wieder abgedruckt in *Kästner im Schnee*,
Hg. Sylvia List, Atrium Verlag, Zürich
2009, S. 34–39).

98 *Du bist und bleibst das Kostbarste,*
     was ich habe!
An Ida Kästner (10.1., 20.7., 22.7.1929).
Oberstdorf: Statt nach Oberstdorf reiste
Kästner 1929 nach Kitzbühel. Am 26.1.
1929 schrieb er von dort eine Ansichts-
karte an seine Mutter. In Kitzbühel spielt
auch die Geschichte *Brief aus dem Winter*,

die am 2.2.1929 in der *Neuen Leipziger Zei-*
tung erschien (wieder abgedruckt in *Käst-*
ner im Schnee, S. 47–50). Nach Oberstdorf
fuhr Kästner erst im Winter 1930.
Haus Hübner: Pension Hübner in Warnemünde. Das Foto auf S. 108 wurde vor
der Pension Hübner aufgenommen.
Buhres Auto: Werner Buhre (1901–1980),
Kästner war mit ihm seit der Zeit am
König-Georg-Reformgymnasium (1919)
befreundet. 1927 trafen sie sich in Berlin
wieder, wo Buhre, seit 1925 promovierter
Volkswirt, Filialleiter der Generalvertre-
tung der Gummiwerke *Excelsior* war (bis
1931). Danach war er als Drehbuchautor
und Regisseur bei der Ufa tätig.
Carlton: Das Café Carlton am Nürnberger
Platz in Berlin-Wilmersdorf war Kästners Stammcafé, solange er in der nahen
Prager Straße wohnte.
Waschgeld: Offenbar versuchte Kästner,
seine Mutter mittels Geldsendungen
dazu zu bewegen, sich von einer Waschfrau bei der Wäsche helfen zu lassen.

101 *Abfahrt*
Erich Kästner, *Montagsgedichte*. Zusam-
mengestellt und kommentiert von Ale-
xander Fiebig, Aufbau-Verlag, Berlin und
Weimar 1989, S. 120 f. Erstdruck: *Montag*
Morgen, 19.8.1929.

103 *Möblierte Melancholie*
Lärm im Spiegel, I, S. 112 f.
In Logis: zur Miete.
Aftermietern: Untermietern.

104 *Na, die kleine Wohnung ist ganz reizend*
An Ida Kästner (8.9., 25.10.1929).
die kleine Wohnung: in Berlin-Charlottenburg, Roscherstraße 16.
Beschlagnahmefreie Wohnungen: Wohnungen, die nicht vom Wohnungsamt zugewiesen wurden. Frei vermittelte Wohnungen waren selten.
Frau Jacobsohn: Edith Jacobsohn, Verlegerin der *Weltbühne* und Inhaberin des Kinderbuchverlags Williams & Co. Sie hatte Kästner die Anregung gegeben, ein Kinderbuch zu schreiben.
Das Kinderbuch: Emil und die Detektive.

107 *Stiller Besuch*
Ein Mann gibt Auskunft, I, S. 146 f.
Das Datum des Erstdrucks – *Vossische Zeitung,* 17.11.1929 – lässt vermuten, dass das Gedicht sich tatsächlich auf den im Brief vom 25.10.1929 erwähnten Besuch seiner Mutter bezieht.

109 *Ehe ich ans Arbeiten gehe: rasch ein kleines Briefchen*
An Ida Kästner (14.11.1929, 29.3., 26.4., 17.9.1930).

Ab Ende 1929 werden Kästners Briefe an seine Mutter gehetzter – man merkt ihnen an, dass sie unter Zeitdruck geschrieben wurden. Kein Wunder angesichts von Kästners unglaublicher schriftstellerischer Produktivität.
Hans Urian geht nach Brot: Kinderstück von Béla Balász.
MM-Gedicht: Für das Berliner Wochenblatt. *Montag Morgen* schrieb Kästner fast zwei Jahre lang wöchentlich ein Gedicht; das erste erschien am 11. Juni 1928, das letzte am 22. April 1930.
&Co: Elfriede Mechnig, Kästners Sekretärin seit Oktober 1928.
Funkrevue: Leben in dieser Zeit, knapp zwanzig Gedichte für Sprecher und Chor, vertont von Edmund Nick. Die Ursendung in Breslau Mitte Dezember 1929 war ein großer Erfolg.
John: Ernst John, Journalist und Kinderbuchautor, Redakteur der Kinderbeilage der *Grünen Post.* Auch Kästner schrieb für diese auf grünes Papier gedruckte »Sonntagszeitung für Stadt und Land«.

111 *Ein Buchhalter schreibt seiner Mutter*
Ein Mann gibt Auskunft, I, S. 159 f.

112 *Willst Du nicht ein paar Tage herüberkommen?*
An Ida Kästner (8.1., 9.1., 28.2., 25.7., 4.8.1931).

Kästner unternahm in dieser Zeit kleinere Lesereisen.

Geldkummer: Aus welchem konkreten Anlass Ida Kästner die Wohltätigkeit ihres Sohnes getadelt hat, ist nicht bekannt.

DD: Anfang 1931 hatte Kästner seiner Mutter ein Konto bei der Filiale Albertplatz der Deutschen Bank eingerichtet – ein weiterer Versuch, sie von ihrer Sparsamkeit abzubringen.

Leon: Das Café Leon am Kurfürstendamm 155 in Berlin-Halensee war Kästners Stammcafé seit seinem Umzug in die Roscherstraße.

Tobissache: Für den Film *Die Koffer des Herrn O. F.*, ein Projekt der Tobis Cinema Berlin, sollte Kästner sieben Chansons schreiben, s. hierzu Ingo Tornow, *Erich Kästner und der Film*, Deutscher Taschenbuch Verlag, München 1998, S. 135, Chansontexte S. 136–141.

Volksentscheid: Am 9.8.1931 scheiterte ein vom »Stahlhelm« initiierter Volksentscheid in Preußen auf Auflösung des Landtags. Der »Stahlhelm«, ursprüngl. ein Bund der Frontsoldaten des Ersten Weltkriegs, gehörte mit den Nationalsozialisten und Deutschnationalen zur »nationalen Opposition«.

116 *Auf einer kleinen Bank vor einer großen Bank*

Gesang zwischen den Stühlen, I, S. 187 f.

Auf dem Höhepunkt der Weltwirtschaftskrise im Juli 1931 brachen der deutsche und internationale Zahlungsverkehr vorübergehend zusammen. Am 13. Juli stellte die Danat (Darmstädter und Nationalbank) ihre Zahlungen ein und löste damit einen panikartigen Ansturm der Kunden auf Banken und Sparkassen aus. Der allgemeine Bankkrach in Deutschland konnte durch eine zeitweilige Auszahlungssperre und andere Maßnahmen verhindert werden.

117 *Frau Fabian schreibt an ihren Sohn*

Fabian, Kap. 4 (Auszug), III, S. 37–39.

Frau Hase: So hieß auch Ida Kästners Waschfrau, s. Erich Kästners Brief vom 9.1.1932, S. 127.

Mieze: Auch Ida Kästner spielte gern mit einer Katze, die allerdings jemand anderem gehörte und über deren Tod sie sich sehr grämte (*Muttchenbriefe* vom 8. u. 10.10.1931, S. 157–159).

Tante Martha: »Tante Martha, die nächstjüngere Schwester meiner Mutter, meine Lieblingstante, (…) hatte den Zigarrenvorarbeiter Richter geheiratet, (…) besaß einen Schrebergarten und sechs Hühner und war eine von Herzen heitere Frau.« (*Als ich ein kleiner Junge war,* VII, S. 60).

119 *Mutter Fabian zu Besuch in Berlin*
Fabian, Kap. 12 u. 13 (Auszug), III, S. 106–113.

»Einmal … schobst du einen Stuhl vor dir her«: Vermutlich ist auch diese Episode autobiographisch, vgl. *Die Kinderkaserne*, III, S. 340–344.

»als ich dir zum Geburtstag weißen und schwarzen Zwirn … schenkte«: die berühmten »sieben Sachen«, s. *Als ich ein kleiner Junge war*, VII, S. 99, und *Die sieben Sachen* (*Berliner Tageblatt*, 16.9.1930), wieder abgedruckt in: Erich Kästner, *Interview mit dem Weihnachtsmann. Kindergeschichten für Erwachsene.* Hrsg. Franz Josef Görtz und Hans Sarkowicz. Carl Hanser Verlag, München Wien 1998, S. 57–61.

127 *Schone Dich ja recht sehr, Allerbestes!*
An Ida Kästner (9.1., 13.1., 29.2.1932).

der Hugosche Kaffeebesuch: Fleischermeister Hugo Augustin mit seiner Familie. Hugo war Kästners Lieblingsonkel (*Als ich ein kleiner Junge war*, VII, S. 28).

Pünktchen-Aufführungen: Die Bühnenfassung des Buchs hatte zu Weihnachten 1931 Premiere am Deutschen Theater, Regie führte Gottfried Reinhardt. Die Aufführung war kein großer Erfolg, wurde nicht in den Abendspielplan übernommen und trotz Kästners Protest bald abgesetzt.

Kilpper: Gustav Kilpper, Verlagsdirektor der Deutschen Verlags-Anstalt (Deva) in Stuttgart.

Weller: Curt Weller (1895–1955), verlegte die ersten Gedichtbände Kästners im eigenen Verlag in Leipzig, wechselte nach seinem Bankrott als Lektor zur Deva, wohin er den Autor Kästner »mitnahm«, Ende 1933 Entlassung wegen regimekritischer Äußerungen.

meinen vierten Gedichtband: Gesang zwischen den Stühlen. Weller und der Autor setzten den früheren Erscheinungstermin durch.

die erste von der Tante: 1924 hatte Lina Augustin Geld gestiftet, von dem Ida Kästner ihrem Sohn die erste *Erika*-Schreibmaschine kaufte (Hanuschek, S. 82).

129 *Die Heimkehr des verlorenen Sohnes*
Gesang zwischen den Stühlen, I, S. 203 f.

131 *Experiment mit Müttern*
Erich Kästner, *Gemischte Gefühle. Literarische Publizistik aus der Neuen Leipziger Zeitung 1923–1933*, Bd. 2, S. 340–343. Erstdruck: *Berliner Tageblatt*, 25.2.1932. Für die Zweitveröffentlichung wenige Tage später in der *Neuen Leipziger Zeitung* am 5.3.1932 hat Kästner, wie er es oft tat, die Geschichte noch einmal leicht überarbeitet. (Die Erstfassung ist abgedruckt in II, S. 347–350.)

Gebirgshotel: Grandhotel Kitzbühel, in dem Kästner 1932 vom 18.1. bis zum 20.2. zu Gast war.

135 *Man kommt aus dem Neugierigsein nicht heraus*

An Ida Kästner (27.3., 1.12.1933, 4.10., 10.10.1934).

»paar ruhige Wochen in Dresden werden nichts schaden«: Trotz des etwas forschen Tons, den Kästner in diesem Brief anschlägt, war er sich offenbar darüber im Klaren, dass es zu diesem Zeitpunkt – wenige Tage nach Annahme des Ermächtigungsgesetzes, das den Nationalsozialisten freie Hand gab – riskant für ihn wäre, sich in Berlin zu zeigen.

Karlinchens Stück: Karlinchen war seine damalige Freundin Cara Gyl (eigentl. Käthe Hörnemann). Unter ihrem Spitznamen taucht sie auch im Vorwort zum *Fliegenden Klassenzimmer* auf. Sie war Schauspielerin und hatte, wohl mit Kästners Nachhilfe, das Konversationsstück *Die Tournee* geschrieben, das die Bühnen aber als zu handlungsarm ablehnten. (Ausführlich dazu Hanuschek, S. 221–223.)

Stemmle: Robert Adolf Stemmle (1903–1974), Schauspieler, Regisseur, Schriftsteller. Wie Kästner Stammgast im Café Leon, trat im Kabarett *Die Katakombe* auf, schrieb Theaterstücke für Er-

wachsene und Kinder, war 1930–1934 Chefdramaturg der Tobis Cinema Berlin, ab 1932 auch Drehbuchautor (u. a. *Quax, der Bruchpilot*, 1941).

Fl Kl: Das fliegende Klassenzimmer.

Eckersberg: Else Eckersberg, berühmte Schauspielerin an Max Reinhardts Deutschem Theater.

Reichsverband: Reichsschrifttumskammer. Kästner wurde trotz mehrerer Anträge nicht aufgenommen, was einem Publikationsverbot gleichkam.

das Buch: Es ging um *Drei Männer im Schnee.*

der Schweizer Verleger: Max Rascher, Inhaber des Verlags Rascher & Cie. in Zürich.

Roberts »Kind«: Das lebenslängliche Kind von Robert Neuner. Robert Neuner ist das Pseudonym Werner Buhres, der in laufender Abstimmung mit Kästner eine Bühnenfassung der *Drei Männer im Schnee* schrieb, die den Titel *Das lebenslängliche Kind* bekam. (Siehe Hanuschek, S. 257–264.) Kästner wusste, dass die Briefzensur seine Post las, aus diesem Grund schrieb er auch an seine Mutter – die Buhre kannte – immer nur von »Robert«.

Werner: Buhre.

Tennisspielen: Da Kästner nicht Mitglied der Reichsschrifttumskammer war, war es ihm faktisch verboten, sich schriftstellerisch zu betätigen. Er kompensierte die erzwungene Untätigkeit, indem er mit großer Begeisterung und auch einigem Erfolg so oft wie möglich Tennis spielte.

138 *Begegnung mit einem Trockenplatz*
Gesang zwischen den Stühlen, I, S. 195 f.
Trockenplatz: Mit seiner Mutter brachte der kleine Erich die Wäsche immer auf den Trockenplatz beim Kohlenhändler Wendt in der Scheunhofstraße (*Als ich ein kleiner Junge war,* VII, S. 150).
Gras zum Bleichen: Um weißer Leinen- oder Baumwollwäsche den Grauschleier zu nehmen, breitete man die ausgewrungenen Wäschestücke auf dem Rasen aus und ließ das Sonnenlicht einwirken. Funktioniert auch heute noch – aber wo gibt es noch Bleichwiesen?

139 *Zwei Mütter und ein Kind*
Das Schwein beim Friseur, VIII, S. 341–346.
Erstdruck: *Berliner Tageblatt,* Jg. 58, Nr. 210, 5.5.1929 (Morgenausgabe), S. 2 f.

146 *Wachtmeister Jeschke will Frau Tischbein heiraten!*
An Ida Kästner (21.2., 16.3., 21.3., 19.5.1935).
Nauheim: Kästner war in den 20er-Jahren und Anfang der 30er-Jahre mehrmals in Bad Nauheim, um sein Herzleiden zu kurieren. Prof. Grödel war sein behandelnder Arzt.
mein früherer Berliner Arzt: Dr. Cohn.

Makkaroni mit Schinken: lt. Luiselotte Enderle »Erich Kästners Leibspeise, die er am liebsten täglich gegessen hätte« (*Muttchenbriefe,* S. 314).
bei Stapenhorsts: Günther Stapenhorst, Filmproduzent bei der Ufa (u. a. 1931 *Emil und die Detektive*), bis zu seiner Emigration bevorzugter Tennispartner Kästners.
Rienzi: Oper von Richard Wagner.

148 *Ein ernstes Gespräch*
Emil und die drei Zwillinge, VII, S. 436–440.
Johanna geht ... und niemals kehrt sie wieder: Friedrich Schiller, *Die Jungfrau von Orléans,* Monolog der Johanna aus dem Prolog. Bei Schiller heißt es gut schwäbisch »nimmer« statt »niemals«.

153 *Das Spielzeuglied*
Der tägliche Kram, II, S. 96–98.
Erstaufführung: *Schaubude,* 4. Programm (*Für Erwachsene verboten*), Oktober 1946. Vertont von Edmund Nick für Ursula Herking.

Die Zeit ist viel zu groß
159 *Große Zeiten*
Nachlese, I, S. 231. Erstdruck: *Die Weltbühne,* 11.8.1931, S. 236.
Der Abdruck folgt der von Kästner nach 1945 geringfügig veränderten Fassung (*wächst* statt *wuchs* in der zweiten Zeile).

160 *Das Blaue Buch: Gänsebraten aus Dresden*

Das Blaue Buch, S. 82–84.

Herrn Stückraths Haus: Kästner wohnte von August 1943 an für längere Zeit in der Villa von Edith und Erich Stückrath in der Neu-Babelsberger Villenkolonie, Ludwig-Troost-Straße 19/21 (heute Virchowstraße). Erich Stückrath (1902–1955) wár Besitzer und Herausgeber der *Spandauer Zeitung.*

161 *Mama bringt die Wäsche*

Der tägliche Kram, II, S. 122–126. Erstdruck: *Die Neue Zeitung*, 14.3.1947.

Non scholae, sed vitae discimus: Nicht für die Schule, sondern für das Leben lernen wir. – Bekannter als das spöttelnde Originalzitat des Seneca, das genau umgekehrt lautet.

rasch tritt der Tod den Menschen an: Friedrich Schiller, *Wilhelm Tell*, Chor der Barmherzigen Brüder am Schluss des 4.Akts.

167 *Solange die Post funktioniert, geht's ja …*

An Ida Kästner (23.1., 24.1., 25.1., 31.1.1945).

Ketzin: westlich von Berlin; Wohnort des mit Kästner und Enderle befreundeten Ehepaars Paul und Luzie Odebrecht. Er war Textilkaufmann und lebte damals noch im Überfluss (vgl. *Notabene 45*, VI, S. 310). Anfang Februar verlor er seine gesamten Textillager im Osten (*Muttchenbriefe*, 12.2.1945, S. 273).

Lottchen: Luiselotte Enderle (1908–1991), Journalistin und Schriftstellerin, seit 1939 mit Kästner liiert. Als Kästner 1944 ausgebombt wurde, zog er zu ihr in die Sybelstraße 8. 1933–1943 war sie Chefredakteurin der Zeitschrift *Hella*, von 1943–1945 Dramaturgin bei der Ufa.

Frau Bürgers Bromberger: Flüchtlinge aus Bromberg (Bydgoszcz/Polen), wohl Familienangehörige.

Reiseerlaubnis: Als verbotener Autor brauchte Kästner für alle Reisen eine offizielle Genehmigung.

168 *Das Blaue Buch: Angriff auf Dresden*

Das Blaue Buch, S. 94–102, 104–106, 117–119, 121 f., 138 f.

»Quadratelse«: Berliner Bezeichnung für die Luftlagekarte mit Planquadraten, mit deren Hilfe man die Meldungen der Luftwarnsender entschlüsseln konnte.

»Martha Heinrich«: Dresden lag im Planquadrat MH.

Döbeln: Dort lebten Ida Kästners Schwestern Lina Augustin, Emma Hanns und Martha Richter.

Orthmann: vermutlich Franz (»Ferry«) Ohrtmann (1894–1969), ein Bekannter Kästners. Architekt; Generaldirektor der von ihm 1935 entworfenen Deutschland-halle, Leiter des Berliner Sportpalasts.

Herr Mutschmann: Martin Mutschmann, sächsischer Gauleiter; ließ in Dresden Splitterschutzgräben und Löschteiche anlegen, aber keine Bunker o.Ä. zum Schutz der Bevölkerung bauen.

Willy Mattes: 1916–2002, österreichischer Komponist und Dirigent; komponierte Schlager und Filmmusiken u.a. für die Ufa und die Tobis Cinema. 1944–1951 Dirigent bei Sveriges Radio in Stockholm.

Zarah Leander: 1907–1981, schwedische Schauspielerin und Sängerin. Zwischen 1937 und 1942 spielte sie in 10 Ufa-Filmen Hauptrollen, wurde 1943 vertragsbrüchig und zog sich auf ihr Landgut Lönö in Schweden zurück.

Richard Naumann: Kästners Intimfeind, als Naumann und er noch kleine Jungen waren (VII, S. 51 f).

Meine Bücher und Lottchens Möbel: Kästners Bücher – die aus dem Keller in der Roscherstraße geborgenen, vielleicht auch neu angeschaffte – waren in Ketzin bei Odebrechts eingelagert, Enderles Möbel bei Ufa-Produktionschef Eberhard Schmidt in Babelsberg untergestellt.

deutsche Kapitulation: Generaloberst Jodl unterzeichnete am 7.5. um 2.41ʰ in Reims im Hauptquartier General Eisenhowers die deutsche Gesamtkapitulation mit Wirkung vom 8.5., 23.01ʰ.

174 *Ein Brief aus Tirol*
Aus Mayrhofen an Ida und Emil Kästner, 7.7.1945. Faksimile. Das – unvollständige – Original befindet sich im Nachlass Kästner im DLA.

Mayrhofen: Kästner und Enderle gehörten zu einer Gruppe von etwa 60 Schauspielern und Filmleuten der Ufa, die sich unter dem Vorwand, einen Film für den Endsieg zu produzieren, Mitte März 1945 nach Mayrhofen/Zillertal abgesetzt hatten. Für den fiktiven Film *Das verlorene Gesicht* (!) hatte Eberhard Schmidt den Produktionsleiter gemimt, Kästner einen der Drehbuchautoren; gedreht hatte man mit leeren Kameras.

Uns ist es in der ganzen Zeit hier sehr gut gegangen: Das entspricht nicht ganz den Tatsachen, sollte aber vermutlich die Eltern beruhigen. Vgl. *Das Blaue Buch,* S. 107–163, und *Notabene 45,* VI, S. 349–463.

Lottchens Schwester: Lore Enderle, 1914–2003, Schriftstellerin, verheiratet mit dem Münchner Journalisten Hans Mollier.

Kabarett: die *Schaubude;* das erste Programm hatte schon am 15.8.1945 in den Münchner Kammerspielen Premiere.

176 *Lied einer alten Frau am Briefkasten*
Der tägliche Kram, II, S. 44 f. Geschrieben für das 2. Programm des Kabaretts *Schaubude.* Bei der Veröffentlichung in der

Textsammlung *Der tägliche Kram* (1948) stellte Kästner dem Gedicht folgende Zeilen voran: »Frühjahr 1946, Schaubude. Das Chanson beruht auf einer wahren Begebenheit. Die alte Frau glaubte fest, dass ihr Sohn noch am Leben sei, und schrieb ihm unter seiner Feldpostnummer Brief um Brief. Hausbewohner und Briefträger behüteten ihren Wahn, indem sie die ja doch unbestellbare Post abfingen und ihr nicht zurückgaben.«

178 *Sobald es geht, komm ich zu Besuch*
An Ida Kästner (27.1., 13.7., 27.7., 13.8.1946).
Zeitung: Kästner war Feuilletonchef der Münchner *Neuen Zeitung,* einer »amerikanischen Zeitung für die deutsche Bevölkerung«.
Prof.Dr. Will Grohmann, ein ehemaliger Lehrer vom König Georg-Gymnasium, wo Kästner 1919 Abitur gemacht hatte. Als Kunsthistoriker und -kritiker hatte Grohmann sich schon in den 20er-Jahren für Künstler wie Klee, Kandinsky und die Maler der »Brücke« eingesetzt.
Wegen des Hauses …: Im Erdgeschoss der Königsbrücker Straße 38 sollte ein »russisches Kaufhaus«, d. h. ein Laden für die sowjetischen Besatzer, eingerichtet werden, und es ging das Gerücht, die darüberliegenden Wohnungen würden für die Angestellten beschlagnahmt. Tatsächlich wurde Kästners als Einzigen

gekündigt, und zwar am 30.6.1947, mit Räumungsfrist bis zum 5.7.(!) (Telegramm Emil Kästners an seinen Sohn, DLA). Zu dem Zeitpunkt war Ida Kästner schon zur Beobachtung in der Klinik.

180 *Foto Ida Kästner mit Faksimile der rückseitigen Beschriftung*
1945/46. Die Abbildung zeigt dasjenige Foto, das Ida Kästner beschreibt. Sie hatte es vermutlich beim Schreiben vor sich liegen. Beschriftet hat sie jedoch ein anderes Foto aus derselben Serie, auf dem nur ihr Kopf und ein Ansatz des Kragens zu sehen sind.

181 *… und dann fuhr ich nach Dresden*
Der tägliche Kram, II, S. 90–94 (Auszug).
Erstdruck: *Die Neue Zeitung,* 30.9.1946.

187 *Auch wenn sie alles um sich her vergisst …*
wo und wie vorsorglich Du untergebracht bist: Im Anschluss an den Klinikaufenthalt war Ida Kästner, zunehmend verwirrt und immer schwieriger werdend, in eine private Nervenklinik, das Sanatorium Dr. Stoltenhoff (Dresden-Strehlen, Caspar-David-Friedrich-Str. 12), gekommen.
Auch wenn sie alles um sich her vergisst …:
Als ich ein kleiner Junge war, Ein Kind hat Kummer (Auszug), VII, S. 105–106.

Schluss

189 *Nur eines ist wesentlich*
Das doppelte Lottchen, Kap. 7 u. 9 (Auszug),
VIII, S. 208–211, 227–232.

200 *Frage an das eigene Herz*
Erstaufführung unter diesem Titel im
2. Programm der *Schaubude* am 12.4.1946
(s. II, S. 368 u. 470), Erstdruck unter dem
Titel *Er weiß nicht, ob er sie liebt* in *Jugend*
34, Nr. 45, 1929, S. 718, in Buchform zuerst in *Ein Mann gibt Auskunft* (1930).
Unser Abdruck folgt dem ursprüng-
lichen Zeilenfall (*Ein Mann gibt Auskunft*,
I, S. 135).

Erich Kästner, 1899 in Dresden geboren, begründete gleich mit seinen ersten beiden Büchern seinen Weltruhm: *Herz auf Taille* (1928) und *Emil und die Detektive* (1929). Nach der Machtübernahme der Nationalsozialisten wurden seine Bücher verbrannt, er erhielt Publikationsverbot, seine Bücher erschienen nunmehr in der Schweiz beim Atrium Verlag. Für seine Werke erhielt er diverse literarische Auszeichnungen, u. a. den Georg-Büchner-Preis. Erich Kästner starb 1974 in München.

Sylvia List hat Slawistik und Osteuropäische Geschichte studiert, als Lektorin gearbeitet und ist heute freie Übersetzerin und Herausgeberin, u. a. von *Das große Erich Kästner Lesebuch* (<u>dtv</u> 12618) und *Kästner im Schnee*. Sie lebt in München.

Erich Kästner im dtv

Bitte besuchen Sie uns im Internet: www.dtv.de

Erich Kästner im dtv

Notabene 45
Ein Tagebuch
ISBN 978-3-423-11016-7

Das große Erich Kästner Lesebuch.
Hg. v. Sylvia List
ISBN 978-3-423-12618-2

Als ich ein kleiner Junge war
ISBN 978-3-423-13086-8

Ein Dichter gibt Auskunft
121 Gedichte
Ausgewählt und mit
einem Essay von
Marcel Reich-Ranicki
ISBN 978-3-423-13475-0

Ein Mann gibt Auskunft
ISBN 978-3-423-13641-9

**Wird's besser?
Wird's schlimmer?**
Gebrauchstexte für (fast)
jeden Anlass
Hg. v. Renate Reichstein
ISBN 978-3-423-14050-8

Sachliche Romanzen
Gedichte über Liebe und
andere unvermeidliche Dinge
Hg. v. Renate Reichstein
ISBN 978-3-423-14134-5

Werke in neun Bänden
Hg. v. Franz Josef Görtz
ISBN 978-3-423-59066-2

Bitte besuchen Sie uns im Internet: www.dtv.de

Für Liebhaber der Poesie –
Geschenkbücher im kleinen Format
Autoren-Anthologien

Wilhelm Busch
Und überhaupt und sowieso
Reimweisheiten · Hardcover
Hg. v. Günter Stolzenberger
ISBN 978-3-423-**14177**-2

Joseph von Eichendorff
**Schläft ein Lied in
allen Dingen**
Gedichte
Hg. v. Josef Kiermeier-Debre
ISBN 978-3-423-**13600**-6

Goethe & Schiller
Die Balladen
Hg. v. Josef Kiermeier-Debre
ISBN 978-3-423-**13512**-2

Hermann Hesse
Taumelbunte Welt
Gedichte
Hg. v. Christoph Bartscherer
ISBN 978-3-423-**13675**-4

Erich Kästner
Wird's besser?
Wird's schlimmer?
Gebrauchstexte für fast
jeden Anlass
Hg. v. Renate Reichstein
ISBN 978-3-423-**14050**-8

Sachliche Romanzen
Gedichte über Liebe und
andere unvermeidliche Dinge
Zusammengestellt von Renate
Reichstein und Rainer Moritz
ISBN 978-3-423-**14134**-5

Mascha Kaléko
Mein Lied geht weiter
Hg. v. Gisela Zoch-Westphal
ISBN 978-3-423-**13563**-4

Klabund
Das Leben lebt
Hg. v. Josef Kiermeier-Debre
ISBN 978-3-423-**20641**-9

Rainer Maria Rilke
Dies Alles von mir
Hg. v. Franz-Heinrich Hackel
ISBN 978-3-423-**12837**-7

Joachim Ringelnatz
Zupf dir ein Wölkchen
Gedichte · Hardcover
Hg. v. Günter Stolzenberger
ISBN 978-3-423-**13822**-2

Eugen Roth
Alles halb so schlimm!
Hg. v. Christine Reinhardt
ISBN 978-3-423-**13944**-1

Mir geht's schon besser,
Herr Professer!
Hg. v. Christine Reinhardt
ISBN 978-3-423-**13895**-6

Friedrich Schiller
Und das Schöne blüht
nur im Gesang
Gedichte
Hg. v. Josef Kiermeier-Debre
ISBN 978-3-423-**13270**-1

Bitte besuchen Sie uns im Internet: www.dtv.de